KB034480

쑥쑥~!
알까는
한자

쑥쑥~! 알까는
한자 중

인쇄일 2016년 8월 29일
발행일 2016년 9월 9일

저   자 심영세원
발 행 인 윤우상
총   괄 윤병호
책임편집 최준명
북디자인 Design Didot 디자인디도
발 행 처 송산출판사
주   소 서울특별시 서대문구 통일로32길 14 (홍제 2동)
전   화 (02) 735-6189
팩   스 (02) 737-2260
홈페이지 http://www.songsanpub.co.kr
등록일자 1976년 2월 2일. 제 9-40호

ISBN 978-89-7780-234-6 14710
978-89-7780-232-2 14710 (세트)

* 이 교재의 내용을 사전 허가없이 전재하거나 복재할 경우 법적인
  제재를 받게 됨을 알려 드립니다.
* 잘못된 책은 구입하신 서점이나 본사에서 교환해 드립니다.
* 정가는 표지에 표시되어 있습니다.

쑥쑥~!
알까는
한자

심 영세원 지음

중

송산출판사

차례

안녕하세요.
수리수리한자의 심 영세원(沈 英世元) 입니다.

우리가 현재 사용하는 말과 글은 얼마나 정확할까요?
정확한 의미를 알고 사용하는 사람이 얼마나 될까요?

동물을 예로 들어보겠습니다.

개구리는 양서류에 속합니다.
그럼 양서류는 무엇을 뜻할까요?

읽고 쓰기는 한글인 '양서류'로 쓰지만 그 의미는 한자(漢字)입니다.

두 량(兩), 깃들일 서(棲)
아~~~두 군데(물과 땅)에서 살아가는 동물임을 순식간에 아주 쉽게 알 수 있습니다.

그럼 극피동물은 무엇일까요?
한글로 읽고 쓰지만 정확한 의미는 알 수 없습니다.
그냥 배우다보니 대강 알게 되는 것일 뿐이죠.

가시 극(棘), 가죽 피(皮)
아~~~피부에 가시같이 뾰족하게 돋은 동물임을 순식간에 아주 쉽게 알 수 있습니다.

우리는 일상생활에서 어떤 일이 다반사로 많이 일어난다는 말을 자주 접합니다.

많은 분들이 다반사에서 '다'를 많을 다(多)로 알고 있지만 틀렸습니다.

다반사는 차 다(茶), 밥 반(飯), 일 사(事)

즉 차를 마시고 밥을 먹듯 일상적으로 자주 하는 일을 비유하는 말입니다.

이렇듯 한자를 알면 정확한 의미와 그에 따른 활용을 할 수 있습니다.

정확한 뜻을 모르는 상태에서 암기한 것은,

어렵게 외우고 쉽게 잊어버리는 결과를 낳게 됩니다.

한자(漢字)는 외우는 것이 아니라 그 뜻을 이해하며 익히는 것입니다.

한자(漢字)는 단순한 글자가 아닙니다.

한글과 한자(漢字)는 마치 자전거의 두 바퀴와 같습니다.

속의 뜻이 겉으로 나타나면서 정확한 의사소통을 할 수 있는 것입니다.

이 중 어느 한 가지만 사용한다면 그것은 외발자전거로 불안하게 살아가는 것과 같습니다.

이렇듯 우리의 삶에 가장 밀접한 교육이나 학습용어 그리고 실생활에서 한자(漢字)는 거의 대부분 활용되고 있습니다.

뿌리가 튼튼하지 않은 기둥은 쉽게 무너지고 맙니다.

반대로 뿌리가 튼튼하면 기둥은 더더욱 튼튼해집니다.

우리 한국인에게 그 뿌리는 바로 '한사(漢字)'입니다.

우리가 사용하고 있는 거의 모든 단어들은,

'한글로 읽을 뿐 그 속은 거의 한자(漢字)' 입니다.

예를 들어 코가 아픕니다.

어느 과의 병원을 갑니까?

'이비인후과'를 가죠.

그럼 이비인후과는 한글일까요? 한자일까요?

이비인후과는 한글로 쓰고 불리지만 외형만 그럴 뿐 속은 한자입니다.

귀 이(耳), 코 비(鼻), 목구멍 인(咽), 목구멍 후(喉), 과목 과(科) 입니다.

아~~~

귀가 아프고, 코가 아프고, 목이 아플 때 찾아가는 병원이 바로

이비인후과(耳鼻咽喉科)인 것입니다.

교과서의 학습(學習) 용어도 마찬가지입니다.

영어(英語)의 8품사(品詞)를 보겠습니다.

동사(動詞), 명사(名詞), 대명사(代名詞), 형용사(形容詞), 부사(副詞), 전치사(前置詞),

접속사(接續詞), 감탄사(感歎詞).

이 모든 학습용어가 '한자(漢字)'입니다.

말로만 전치사…전치사 외우는 것이 아니라,

앞 전(前), 둘 치(置), 글 사(詞)

아~~~ 어떤 글자의 앞에 위치하는 글임을 금방 알고 또 정확히 알 수 있습니다.

수학(數學) 용어도 마찬가지입니다.

미지수(未知數), 함수(函數), 항등식(恒等式), 예각(銳角), 둔각(鈍角)...
이 모든 수학용어가 '한자(漢字)'로 되어 있습니다.

말로만 항등식을 외우는 것이 아니라,
항상 항(恒), 같을 등/무리 등(等), 법 식(式)

아~~~~어떤 식에 어떠한 값을 넣어도 항상 양쪽의 값이 같아지는 식이 항등식임을
금방 알고 또 정확히 알 수 있습니다.

그래서 초등학생부터 대학생들까지 공부하는 학생들은 물론,
학생들을 가르치는 선생님과 부모님들 또한 한자공부는 필수 중 필수인 것입니다.
심지어 한자(漢字)를 생활화하는 중국인들조차 저에게 한자(漢字)를 배우기도 합니다.

이유는 '정통한자(正統漢字)'이기 때문입니다.

정통(正統)을 모르고 중국의 간체자나 일본의 간지부터 배운다면 원인을 모르는 임시
적 치료와 같습니다.
아픈 근본원인을 해결해야 진정한 치료를 할 수 있습니다.

언어의 근본은 바로 한자(漢字)입니다.
한자(漢字)의 근본은 정통(正統)이어야 합니다.
그 정통한자(正統漢字)를 저, 심 영세원이 아낌없이 공개(公開)하겠습니다.

영원히 유산(遺産)이 되길 바라는 마음으로!!!

한 글자, 한 글자 집필하고 한 구절, 한 구절 강의할 때 온 마음을 다하였습니다.
'어떻게 하면 하나라도 더 알려드릴까'를 고민하며 집필하고 강의를 제작하였습니다.

이유는!!!
한자(漢字)는 삶의 근본이기 때문입니다.
또 국력이고 경쟁력이기 때문입니다.

중국인도 배우는 심영세원 정통한자!
배우는 즉시 익힐 수 있는 심영세원 한자교실!
쉽게 익히고 오래 기억하는 심영세원 한자교실!
지식뿐만 아니라 삶의 도리를 함께 배우는 심영세원 한자교실!

현재 한자교육의 육성을 위해 '국가공인 한자급수 시험'을 운영하고 있습니다.
그런데 이 또한 시험을 위한 시험, 급수를 따기 위한 시험으로 될 수 있습니다.

시험을 위한 한자공부가 아니라,
제대로!!! 정확히!!! 언어를 구사하기 위해 배워야 합니다.
따라서 한자를 공부하는 방법이 아주 중요합니다.

한자는 그 뿌리가 '部首(부수)'와 '六書(육서)'입니다.

그런데 수많은 부수를 설명한 책을 보면,
'의미(意味) 순'이 아닌 '획수(劃數) 순'이나 '가나다 순'으로 나열합니다.

이러한 교육들로 인해 수많은 학생들이 중요한 시간을 낭비하고 있습니다.
한마디로 '어렵고 힘들게 외우고, 너무 쉽게 빨리 잊어버리게 되는 것'입니다.

이에 필자는 수리수리한자닷컴(www.surisurihanja.com)을 통해
심영세원만의 부수교육, 육서교육, 필순교육을 무료로 제공하고 있습니다.

또한 국가공인 한자급수 시험을 대비하여 8급부터 1급까지 총 3,500자를
생성원리에 맞춘 스토리텔링으로 재미있고 정확하게 제공하고 있습니다.

마지막으로 한자교육의 화룡점정(畵龍點睛)인 수리수리 보이스한자—알까는 한자를,
출판과 더불어 그 내용을 저의 목소리로 녹음하여 함께 제공하고 있습니다.

보이스한자는 영어로 VOICE(소리, 음성)입니다.

한자는 '모양과 소리'에 규칙적인 패턴이 있습니다.
뿌리글자의 '모양과 소리'에서 규칙적인 파생글자들이 뻗어 나갑니다.
그 규칙은 곧 비법(祕法)이 됩니다.
쉽게 이해되고 저절로 익혀지며 오래 기억하는 한자공부의 비법인 것입니다.

보이스한자는 근본이 되는 '뿌리글자'와 그에 따른 '파생글자'로 구성되어 있습니다.

가죽 피(皮)를 뿌리글자로 하여 예를 들어 보겠습니다.
파생되는 글자의 음(音)은 '피' 또는 '파'로 됩니다.
다양한 부수들과 합쳐져 새로운 뜻을 지닌 글자로 탄생되어집니다.

皮 가죽 피

皮膚 가죽 피 살갗 부
表皮 겉 표 가죽 피
彈皮 탄알 탄 가죽 피

彼 저 피

此日彼日 이 차 날 일 저 피 날 일
知彼知己 알 지 저 피 알 지 몸 기

被 입을 피

被害 입을 피 해할 해
被殺 입을 피 죽일 살
被拉 입을 피 끌 랍
被擊 입을 피 칠 격
被襲 입을 피 엄습할 습
被告 입을 피 고할 고
被虜人 입을 피 사로잡을 로 사람 인 : 포로

披 헤칠 피

披瀝 헤칠 피 스밀 력
猖披 미쳐날뛸 창 헤칠 피
披露宴 헤칠 피 이슬 로 잔치 연

疲 피곤할 피

疲困 피곤할 피 곤할 곤
疲勞 피곤할 피 일할 로
疲弊 피곤할 피 폐단 폐

波 물결 파

波濤 물결 파 물결 도
波瀾 물결 파 물결 란

波長 물결 파 길 장
波動 물결 파 움직일 동
波紋 물결 파 무늬 문
餘波 남을 여 물결 파
寒波 찰 한 물결 파
電波 번개 전 물결 파

破 깨뜨릴 파

破壞 깨뜨릴 파 무너질 괴
破棄 깨뜨릴 파 버릴 기
破綻 깨뜨릴 파 터질 탄
破損 깨뜨릴 파 덜 손
突破 갑자기 돌 깨뜨릴 파

跛 절름발이 파

跛行 절름발이 파 다닐 행 : 일이 순조롭지 않음

頗 자못 파 (꽤 많이)

頗多 자못 파 많을 다 : 자못 많음
偏頗 치우칠 편 자못 파 : 치우쳐 공평하지 못함

婆 할머니 파 음역자 바

娑婆 사바세상 사 음역자 바
老婆心 늙을 로 할머니 파 마음 심

이렇게 가죽 피(皮)라는 하나의 뿌리글자는 9가지의 파생글자를 만듭니다.
그런데 그 과정에는 '모양과 소리'의 규칙성이 있습니다.

여기에 어떤 '부수'가 오느냐에 따라 그 뜻이 다르게 되는 것입니다.

가죽 피(皮)에 '걸을 척'을 뜻하는 두인 변(彳) 부수가 오면 저 피(彼)
'옷'을 뜻하는 옷의 변(衤) 부수가 오면 입을 피(被)
'손 수'를 뜻하는 재방 변(扌) 부수가 오면 헤칠 피(披)
'질병'을 뜻하는 병들어 기댈 녁(疒) 부수가 오면 피곤할 피(疲)
'물'을 뜻하는 삼수 변(氵) 부수가 오면 물결 파(波)
'돌'을 뜻하는 돌석 변(石) 부수가 오면 깨뜨릴 파(破)
'발'을 뜻하는 발족 변(足) 부수가 오면 절름발이 파(跛)
'머리'를 뜻하는 머리 혈(頁) 부수가 오면 자못 파(頗)
'여자'를 뜻하는 여자 녀(女) 부수가 오면 할머니 파/음역자 바(婆)가 됩니다.

여기에 그치지 않습니다.
구슬도 꿰어야 보배라 했습니다.

지금 배운 '뿌리글자와 파생글자'들이 실제 어떤 단어로 활용되는지가 중요합니다.
이에 실제 가장 많이 활용되는 단어들을 엄선하여 함께 익힐 수 있게 하였습니다.

실제 활용되는 단어들 속에는,
이미 공부했던 '뿌리글자'와 '파생글자'들이 순환반복 식으로 계속 나옵니다.
따라서 자연스럽게 복습이 될 수 있도록 체계적으로 구성하였습니다.

마지막으로 한 가지 더 중요한 것이 있습니다.

알까는 한자 책의 내용을 토대로 제가 녹음을 하였습니다.
하나의 글자마다 생성된 스토리텔링을 세밀하고 정확하게 알려드립니다.

그리고 실제 활용되는 단어들의 의미와 쓰임새 또한 명쾌하게 설명해 드립니다.

이와 같은 단계별 학습을 통해 여러 분은 실전 최고의 한자고수가 될 수 있습니다.

뿌리글자는 총 621개입니다.
숫자에는 세상의 기준을 만들어주는 기운이 존재합니다.

621을 모두 더하면 9가 됩니다.
수리역학에서 9는 학업(學業)과 명예(名譽)를 상징합니다.
동양의학에서 9는 부족한 기운을 채워주는 보(補)를 상징합니다.

또한 양력 6월 21은 1년 24절기에서 하지(夏至)입니다.
하루 중 낮이 가장 길며 정오의 태양도 가장 높은 절기입니다.
알까는 한자가 수강생 분들의 인생을 밝게 비춰주는 원동력이 되었으면 합니다.

또한 개인적으로 저의 생일도 6월 21일입니다.
저의 혼신을 담은 책이라고 감히 말씀드릴 수 있습니다.

이 책의 마지막에는 묘교발형(苗敎發熒)이란 4개의 뿌리글자가 더 있습니다.
이는 춘하추동(春夏秋冬) 4계절을 담았습니다.
한자공부를 함에 있어 자연의 이치를 그대로 옮긴 저의 철학이기도 합니다.

실제 초등학교 1학년 학생이 6개월 만에 알까는 한자를 통해 1급을 완성하였습니다.
당연히 여러 분들도 하실 수 있습니다.
얼마나 열심히 하느냐에 따라 시간단축은 스스로의 몫이 됩니다.
책을 보며 저의 목소리를 듣고만 있어도 신기하게 한자(漢字)에 눈이 떠지게 됩니다.

부디,

열심히 수강하셔서 이 사회의 힘들고 지친 분들에게 큰 희망이 되어주시길 바랍니다.

마지막으로 수리수리한자닷컴이 운영되고, 알까는 한자가 출판되기까지

함께 해주신 분들에게 감사(感謝)의 말씀을 드리고 싶습니다.

부족한 제게 큰 사명을 맡겨주신 (주)스타세븐 손영곤 대표님,

처음부터 끝까지 함께 동고동락한 김영철 본부장님,

고단한 작업을 마치 내 일처럼 밤새워 일해주신 기획, 촬영, 편집 팀 여러분,

모든 집필과 제작과정을 묵묵히 격려해 준 제 가족에게 깊은 고마움을 전합니다.

2016年 8月

著者 심 영세원(沈 英世元) 拜上

쑥쑥~!
알까는 한자

一般 한 일 일반 반 　全般 온전할 전 일반 반
諸般 모두 제 가지 반 　萬般 일만 만 가지 반
別般 다를 별 가지 반

가지 반(일반 반)

槃 쟁반 반(열반 반) 般(가지 반 일반 반) + 木(나무 목)

涅槃 개흙 녈 쟁반 반 : 불교에서 해탈의 경지

盤 소반 반　般 (가지 반 일반 반) + 皿(그릇 명)

錚盤 쇳소리 쟁 소반 반
基盤 터 기 소반 반
初盤 처음 초 소반 반
音盤 소리 음 소반 반

搬 옮길 반　手(손 수) + 般(가지 반 일반 반)

運搬 옮길 운 옮길 반
密搬出 빽빽할 밀 옮길 반 날 출

半
반 반

折半 꺾을 절 반 반
過半數 지날 과 반 반 셈 수
韓半島 나라 한 반 반 섬 도

拌 쪼갤 반(섞을 반) 手(손 수) + 半(반 반)

攪拌 흔들 교 쪼갤 반 : 휘저어 한데 섞음

伴 짝 반 人(사람 인) + 半(반 반)

隨伴 따를 수 짝 반
同伴者 한가지 동 짝 반 놈 자
伴侶者 짝 반 짝 려 놈 자

絆 얽어맬 반 糸(실 사) + 半(반 반)

絆瘡膏 얽어맬 반 부스럼 창 기름 고

畔 밭두둑 반 田(밭 전) + 半(반 반)

壟畔 밭두둑 롱 밭두둑 반 : 밭의 경계 밭두둑
湖畔 호수 호 밭두둑 반 : 호숫가

判 판단할 판 半(반 반) + 刀(칼 도)

判斷 판단할 판 끊을 단
裁判 마를 재 판단할 판
批判 비평할 비 판단할 판

27

反對 돌이킬 반 대할 대　　反撥 돌이킬 반 다스릴 발
反駁 돌이킬 반 논박할 박　　反省 돌이킬 반 살필 성
贊反 도울 찬 돌이킬 반

돌이킬 반

返 돌이킬 반 辶(쉬엄쉬엄 갈 착) + 反(돌이킬 반)

返還 돌이킬 반 돌아올 환

返納 돌이킬 반 들일 납

叛 배반할 반 半(반 반) + 反(돌이킬 반)

背叛 배반할 배 배반할 반

叛亂 배반할 반 어지러울 란

叛逆 배반할 반 거스릴 역

飯 밥 반 食(밥 식) + 反(돌이킬 반)

朝飯 아침 조 밥 반

飯饌 밥 반 반찬 찬

茶飯事 차 다(차) 밥 반 일 사 : 일상적으로 하는 일

板 널빤지 판 木(나무 목) + 反(돌이킬 반)

坐板 앉을 좌 널빤지 판

看板 볼 간 널빤지 판

懸板 달 현 널빤지 판

揭示板 높이 들 게 보일 시 널빤지 판

版 판목 판 片(조각 편) + 反(돌이킬 반)

番號版 차례 번 이름 호 판목 판

販 팔 판 貝(조개 패) + 反(돌이킬 반)

販賣 팔 판 팔 매
販路 팔 판 길 로
販促 팔 판 재촉할 촉
總販 다 총 팔 판

阪 언덕 판 阜(언덕 부) + 反(돌이킬 반)

嶮阪 = 峻阪 험할 험 언덕 판 = 높을 준 언덕 판 : 몹시 가파른 언덕
阪 = 坂 = 岅 언덕 판 : 함께 사용되기도 함

뿌리글자로만 의미

안색 변할 발

勃 노할 발 孛(안색 변할 발) + 力(힘 력)

勃發 노할 발 필 발 : 전쟁 등이 갑자기 일어남

勃起 노할 발 일어날 기 : 음경이 꼿꼿하게 됨

渤 발해 발(바다 이름 발) 水(물 수) + 勃(노할 발)

渤海 발해 발 바다 해 : 대조영이 세운 나라

悖 거스를 패 心(마음 심) + 孛(안색 변할 발)

行悖 다닐 행 거스를 패

悖倫兒 거스를 패 인륜 륜 아이 아

뿌리글자로만 의미

달릴 발

拔 뽑을 발 手(손 수) + 犮(달릴 발)

選拔 가릴 선 뽑을 발
拔擢 뽑을 발 뽑을 탁
拔萃 뽑을 발 모을 췌
海拔 바다 해 뽑을 발

跋 밟을 발 足(발 족) + 犮(달릴 발)

跋扈 밟을 발 따를 호 : 제 멋대로 행동함

魃 가뭄 발 鬼(귀신 귀) + 犮(달릴 발)

旱魃=炎魃 가물 한 가뭄 발 = 불꽃 염 가뭄 발 : 가뭄

髮 터럭 발 髟(긴 머리 표) + 犮(달릴 발)

理髮 다스릴 리 터럭 발
假髮 거짓 가 터럭 발
削髮 깎을 삭 터럭 발
間髮 사이 간 터럭 발

方向 모방 향할 향
方法 모방 법법
邊方 가변 모방

모 방

訪 찾을 방 言(말씀 언) + 方(모 방)

訪問 찾을 방 물을 문
巡訪 돌 순 찾을 방
探訪 찾을 탐 찾을 방
尋訪 찾을 심 찾을 방

妨 방해할 방 女(여자 녀) + 方(모 방)

妨害 방해할 방 해할 해
無妨 없을 무 방해할 방

防 막을 방 阜(언덕 부) + 方(모 방)

防禦 막을 방 막을 어
防牌 막을 방 패 패
防寒 막을 방 찰 한
防潮堤 막을 방 조수 조 둑 제

坊 동네 방 土(흙 토) + 方(모 방)

坊村 동네 방 마을 촌
僧坊 중 승 동네 방 : 절 사원

彷 헤맬 방(비슷할 방) 彳(걸을 척) + 方(모 방)

彷徨 헤맬 방 헤맬 황
彷彿 비슷할 방 비슷할 불

紡 길쌈 방 糸(실 사) + 方(모 방)

紡織 길쌈 방 짤 직

肪 살찔 방 月(육달 월) + 方(모 방)

脂肪 기름 지 살찔 방

昉 밝을 방 日(해 일) + 方(모 방)

放 놓을 방 方(모 방) + 攵(칠 복)

開放 열 개 놓을 방
釋放 풀 석 놓을 방
放送 놓을 방 보낼 송
放縱 놓을 방 세로 종
放牧 놓을 방 칠 목

倣 본뜰 방 人(사람 인) + 放(놓을 방)

模倣 본뜰 모 본뜰 방

房 방 방 戶(집 호 지게문 호) + 方(모 방)

廚房 부엌 주 방 방

暖房 따뜻할 난 방 방
冷房 찰 랭 방 방
茶房 차 다(차) 방 방
藥房 약 약 방 방
獨房 홀로 독 방 방

芳 꽃다울 방 艸(풀 초) + 方(모 방)

芳薰 꽃다울 방 향초 훈 : 향기로운 냄새
芳名錄 꽃다울 방 이름 명 기록할 록

旁 곁 방 立(설 립 – 변형) + 方(모 방) 旁 = 傍

傍助 곁 방 도울 조
傍聽 곁 방 들을 청

膀 오줌통 방 月(육달 월) + 旁(곁 방)

膀胱 오줌통 방 오줌통 광

謗 헐뜯을 방 言(말씀 언) + 旁(곁 방)

誹謗 헐뜯을 비 헐뜯을 방
毀謗 헐 훼 헐뜯을 방

榜 방 붙일 방 木(나무 목) + 旁(곁 방)

標榜 표할 표 방 붙일 방
紙榜 종이 지 방 붙일 방 : 종이에 쓴 신주

空白 빌 공 흰 백
潔白 깨끗할 결 흰 백
告白 고할 고 말할 백
獨白 홀로 독 말할 백

흰 백

百 일백 백 一(한 일) + 白(흰 백)

百姓 일백 백 성씨 성
百貨店 일백 백 재물 화 가게 점

伯 맏 백 人(사람 인) + 白(흰 백)

叔伯 아저씨 숙 맏 백 : 아우와 형
畫伯 그림 화 맏 백
伯爵 맏 백 벼슬 작

魄 넋 백 白(흰 백) + 鬼(귀신 귀)

魂魄 넋 혼 넋 백
氣魄 기운 기 넋 백 : 씩씩하고 굳센 정신

柏 측백 백(잣나무) 木(나무 목) + 白(흰 백)

松柏 소나무 송 측백 백 : 소나무와 잣나무

拍 칠 박 手(손 수) + 白(흰 백)

拍手 칠 박 손 수
拍子 칠 박 아들 자

拍車 칠 박 수레 차
拍掌大笑 칠 박 손바닥 장 클 대 웃음 소

迫 핍박할 박 辶(쉬엄쉬엄 갈 착) + 白(흰 백)

逼迫 핍박할 핍 핍박할 박
壓迫 누를 압 핍박할 박
脅迫 위협할 협 핍박할 박
驅迫 몰 구 핍박할 박
緊迫 긴할 긴 핍박할 박

珀 호박 박 玉(구슬 옥) + 白(흰 백)

琥珀 호박 호 호박 박 : 송진 등이 굳어진 광물

舶 배 박 舟(배 주) + 白(흰 백)

船舶 배 선 배 박
市舶 저자 시 배 박 : 장사하는 배

粕 지게미 박(찌꺼기) 米(쌀 미) + 白(흰 백)

糟粕 지게미 조 지게미 박

幣帛 화폐 폐 비단 백

비단 백

錦 비단 금 金(쇠 금) + 帛(비단 백)

錦衣 비단 금 옷 의
錦繡 비단 금 수놓을 수 : 수를 놓은 비단

綿 솜 면(이어질 면) 糸(실 사) + 帛(비단 백)

綿棒 솜 면 막대 봉
綿密 이어질 면 빽빽할 밀

棉 목화 면 木(나무 목) + 帛(비단 백)

棉花 목화 면 꽃 화
棉油 목화 면 기름 유 : 목화씨 기름

樊

뿌리글자로만 의미

울타리 **번**

攀 더위잡을 **반** 樊(울타리 번) + 手(손 수)

* 더위잡다 : 높은 곳에 오르기 위해 무엇을 끌어 잡는다는 의미

登攀 오를 **등** 더위잡을 **반**

礬 명반 **반** 石(돌 석) + 樊(울타리 번)

明礬=白礬 밝을 **명** 명반 **반** = 흰 백 명반 **반**

皓礬 흴 **호** 명반 **반** : 황산아연

番號 차례 번 이름 호
當番 마땅 당 차례 번

차례 번

蕃 우거질 번 艹(풀 초) + 番(차례 번)

蕃盛 우거질 번 성할 성
蕃殖=繁殖 우거질 번 불릴 식 = 번성할 번 불릴 식

藩 울타리 번 艹(풀 초) + 潘(성씨 반 뜨물 반)

藩籬 울타리 번 울타리 리

飜 번역할 번 番(차례 번) + 飛(날 비)

飜譯 번역할 번 번역할 역
飜覆 번역할 번 다시 복

蟠 서릴 반 虫(벌레 충) + 番(차례 번)

龍蟠虎踞 용 룡 서릴 반 범 호 걸어앉을 거 :
          적을 막기에 좋은 지세가 험한 환경

潘 성씨 반(뜨물 반) 水(물 수) + 番(차례 번)

磻 강 이름 반 石(돌 석) + 番(차례 번)

播 뿌릴 파 手(손 수) + 番(차례 번)

播種 뿌릴 파 씨 종
傳播 전할 전 뿌릴 파
播多 뿌릴 파 많을 다

審 살필 심 宀(집 면) + 番(차례 번)

審査 살필 심 조사할 사
審判 살필 심 판단할 판
誤審 그르칠 오 살필 심

瀋 즙 낼 심(성씨 심) 水(물 수) + 審(살필 심)

칠 벌

討伐 칠 토 칠 벌
征伐 칠 정 칠 벌
盜伐 도둑 도 칠 벌
殺伐 죽일 살 칠 벌
伐草 칠 벌 풀 초

筏 뗏목 벌 竹(대 죽) + 伐(칠 벌)

筏橋 뗏목 벌 다리 교 : 뗏목으로 만든 다리

閥 문벌 벌 門(문 문) + 伐(칠 벌)

門閥 문 문 문벌 벌
族閥 겨레 족 문벌 벌
財閥 재물 재 문벌 벌
派閥 갈래 파 문벌 벌

平凡 평평할 평 무릇 범
非凡 아닐 비 무릇 범
禮儀凡節 예도 례 거동 의 무릇 범
마디 절

무릇 범

汎 넓을 범 水(물 수) + 凡(무릇 범)

汎濫 넓을 범 넘칠 람
汎太平洋 넓을 범 클 태 평평할 평 큰 바다 양

帆 돛 범 巾(수건 건) + 凡(무릇 범)

出帆 날 출 돛 범 : 조직된 단체가 출발함
歸帆 돌아올 귀 돛 범 : 나간 돛단배가 돌아옴

梵 불경 범 林(수풀 림) + 凡(무릇 범)

梵宇 = 梵刹 불경 범 집 우 = 불경 범 절 찰 : 중이 살고 있는 절

뿌리글자로만 의미

임금 벽(피할 피)

壁 벽 벽 辟(피할 피 임금 벽) + 土(흙 토)

城壁 재 성 벽 벽
障壁 막을 장 벽 벽
壁畫 벽 벽 그림 화

劈 쏘샐 벽 辟(피할 피 물리칠 벽) + 刀(칼 도)

劈破 쪼갤 벽 깨뜨릴 파
劈頭 쪼갤 벽 머리 두 : 일의 첫 머리

璧 구슬 벽 辟(피할 피 임금 벽 물리칠 벽) + 玉(구슬 옥)

雙璧 두 쌍(쌍 쌍) 구슬 벽 : 둘이 모두 뛰어남
寶璧 보배 보 구슬 벽 : 아름답고 귀한 구슬(돌)

擘 엄지손가락 벽 辟(피할 피 임금 벽) + 手(손 수)

擘指 엄지 벽 가리킬 지
巨擘 클 거 엄지손가락 벽 : 남달리 뛰어난 사람

闢 열 벽 門(문 문) + 辟(피할 피 임금 벽)

天地開闢 하늘 천 땅 지 열 개 열 벽

癖 버릇 벽 疒(병들어 기댈 녁) + 辟(피할 피 임금 벽)

潔癖 깨끗할 결 버릇 벽
盜癖 도둑 도 버릇 벽
怪癖 괴이할 괴 버릇 벽
蒐集癖 모을 수 모을 집 버릇 벽

僻 궁벽할 벽 人(사람 인) + 辟(피할 피 임금 벽)

窮僻 궁할 궁 궁벽할 벽 : 홀로 떨어져 외로움
僻地 궁벽할 벽 땅 지 : 멀리 떨어져 외진 곳

譬 비유할 비 辟(피할 피 임금 벽) + 言(말씀 언)

譬喩 비유할 비 깨우칠 유

臂 팔 비(신체부위) 月(육달 월) + 辟(피할 피 임금 벽)

肩臂 어깨 견 팔 비

避 피할 피 辶(쉬엄쉬엄 갈 착) + 辟(피할 피 임금 벽)

忌避 꺼릴 기 피할 피
回避 돌아올 회 피할 피
待避 기다릴 대 피할 피
逃避 도망할 도 피할 피
避暑 피할 피 더울 서
避難 피할 피 어려울 난

뿌리글자로만 의미

남녁 병(천간 병)

柄 자루 병 木(나무 목) + 丙(남녁 병)

身柄 몸 신 자루 병 : 보호의 대상인 몸

病 병 병 疒(병질 녁) + 丙(남녁 병)

傳染病 전할 전 물들 염 병 병

炳 밝을 병 火(불 화) + 丙(남녁 병)

昞 밝을 병 日(해 일) + 丙(남녁 병)

뿌리글자로만 의미

아우를 병

併 아우를 병(합하다) 人(사람 인) + 幷(아우를 병)

合併 합할 합 아우를 병
併記 아우를 병 기록할 기
併殺 아우를 병 죽일 살

餠 떡 병 食(밥 식) + 幷(아우를 병)

煎餠 달일 전 떡 병
餠湯 떡 병 끓일 탕 : 떡국

屛 병풍 병 尸(주검 시) + 幷(아우를 병)

屛風 병풍 병 바람 풍
屛居 병풍 병 살 거 : 물러나 집에만 있음

甁 병 병 幷(아우를 병) + 瓦(기와 와)

花甁 꽃 화 병 병
火焰甁 불 화 불꽃 염 병 병

46

뿌리글자로만 의미

클 보

補 도울 보(기울 보) 衣(옷 의) + 甫(클 보)

補償 도울 보 갚을 상
補助 도울 보 도울 조
補藥 도울 보 약 약
候補 기후 후 도울 보

輔 도울 보 車(수레 거/차) + 甫(클 보)

輔弼 도울 보 도울 필
輔佐 도울 보 도울 좌

浦 개 포(물가) 水(물 수) + 甫(클 보)

浦口 개 포 입 구 : 배가 드나드는 어귀

鋪 펼 포(가게 포) 金(쇠 금) + 甫(클 보)

鋪裝 펼 포 꾸밀 장
排鋪 밀칠 배 펼 포
店鋪 가게 점 가게 포
典當鋪 법 전 마땅 당 가게 포

捕 잡을 포 手(손 수) + 甫(클 보)

逮捕 잡을 체 잡을 포
拿捕 잡을 나 잡을 포
捕獲 잡을 포 얻을 획
捕捉 잡을 포 잡을 착
捕虜 잡을 포 사로잡을 로

哺 먹일 포 口(입 구) + 甫(클 보)

哺乳類 먹일 포 젖 유 무리 류

脯 포 포 月(육달 월) + 甫(클 보)

肉脯 고기 육 포 포

逋 도망갈 포 辶(쉬엄쉬엄 갈 착) + 甫(클 보)

逋脫 도망갈 포 벗을 탈 : 조세를 피하여 면함

匍 길 포(기어가다) 勹(쌀 포) + 甫(클 보)

匍匐 길 포 길 복

葡 포도 포 艹(풀 초) + 匍(길 포)

葡萄 포도 포 포도 도

圃 채마밭 포 囗(에워쌀 위) + 甫(클 보)

治圃 다스릴 치 채마밭 포 : 채소밭을 가꿈

蒲 부들 포 艸(풀 초) + 浦(개 포)

菖蒲 창포 창 부들 포 : 천남성과의 풀

簿 문서 부 竹(대 죽) + 溥(펼 부)

家計簿 집 가 셀 계 문서 부

傅 스승 부 人(사람 인) + 尃(펼 부)

師傅 스승 사 스승 부 : 스승 선생님

賻 부의 부 貝(조개 패) + 尃(펼 부)

賻儀 부의 부 거동 의 : 초상집에 부조하는 돈

縛 얽을 박 糸(실 사) + 尃(펼 부)

束縛 묶을 속 얽을 박
結縛 맺을 결 얽을 박

博 넓을 박 十(열 십) + 尃(펼 부)

博士 넓을 박 선비 사
博愛 넓을 박 사랑 애
該博 갖출 해 넓을 박
賭博 내기 도 넓을 박

搏 두드릴 박 手(손 수) + 尃(펼 부)

脈搏 줄기 맥 두드릴 박

搏動 두드릴 박 움직일 동
搏殺 두드릴 박 죽일 살

膊 팔뚝 박 月(육달 월) + 尃(펼 부)

上膊 윗 상 팔뚝 박 : 위 팔
前膊 앞 전 팔뚝 박 : 아래 팔

薄 엷을 박 艹(풀 초) + 溥(펼 부)

稀薄 드물 희 엷을 박
淺薄 얕을 천 엷을 박
薄俸 엷을 박 녹 봉

徒步 무리 도 걸음 보
初步 처음 초 걸음 보
闊步 넓을 활 걸음 보
讓步 사양할 양 걸음 보

걸음 보

涉 건널 섭 水(물 수) + 步(걸음 보)

交涉 사귈 교 건널 섭
干涉 방패 간 건널 섭
涉獵 건널 섭 사냥 렵

陟 오를 척 阜(언덕 부) + 步(걸음 보)

進陟 나아갈 진 오를 척

頻 자주 빈 步(걸음 보) + 頁(머리 혈)

頻度 자주 빈 법도 도
頻發 자주 빈 필 발
頻繁 자주 빈 번성할 번

51

普及 넓을 보 미칠 급
普通 넓을 보 통할 통
普遍 넓을 보 두루 편

넓을 보

譜 족보 보 言(말씀 언) + 普(넓을 보)

族譜 겨레 족 족보 보
樂譜 노래 악 족보 보
系譜 맬 계 족보 보

潽 물 이름 보 水(물 수) + 普(넓을 보)

뿌리글자로만 의미

회복할 복(다시 부)

復 회복할 복(다시 부) 彳(걸을 척) + 复(회복할 복 다시 부)

回復 돌아올 회 회복할 복

復歸 회복할 복 돌아갈 귀

復讐 회복할 복 원수 수

復活 다시 부 살 활

腹 배 복 月(육달 월) + 复(회복할 복 다시 부)

空腹 빌 공 배 복

腹筋 배 복 힘줄 근

複 겹칠 복 衣(옷 의) + 复(회복할 복 다시 부)

重複 무거울 중 겹칠 복

複雜 겹칠 복 섞일 잡

複製 겹칠 복 지을 제

鰒 전복 복 魚(물고기 어) + 复(회복할 복 다시 부)

全鰒 온전할 전 전복 복

馥 향기 복 香(향기 향) + 复(회복할 복 다시 부)

馥郁 향기 복 성할 욱 : 향기가 그윽함

覆 다시 복 襾(덮을 아) + 復(회복할 복 다시 부)

顚覆 엎드러질 전 다시 복
飜覆 번역할 번 다시 복

履 밟을 리 尸(주검 시) + 復(회복할 복 다시 부)

履歷 밟을 리 지날 력
履行 밟을 리 다닐 행

愎 강퍅할 퍅 心(마음 심) + 复(회복할 복 다시 부)

剛愎 굳셀 강 강퍅할 퍅
乖愎 어그러질 괴 강퍅할 퍅

뿌리글자로만 의미

가득할 복

福 복 복 示(보일 시) + 畐(가득할 복)

幸福 다행 행 복 복
祝福 빌 축 복 복
福券 복 복 문서 권
冥福 어두울 명 복 복

輻 바퀴살 복/폭 車(수레 거/차) + 畐(가득할 복)

輻射熱 바퀴살 복(폭) 쏠 사 더울 열

匐 길 복(기어가다) 勹(쌀 포) + 畐(가득할 복)

匍匐 길 포 길 복

幅 폭 폭(너비) 巾(수건 건) + 畐(가득할 복)

增幅 더할 증 폭 폭

富 부유할 부 宀(집 면) + 畐(가득할 복)

貧富 가난할 빈 부유할 부
豊富 풍년 풍 부유할 부
富裕層 부유할 부 넉넉할 유 층 층

副 버금 부 畐(가득할 복) + 刂(칼 도)

副業 버금 부 업 업
副會長 버금 부 모일 회 어른 장(길 장)
副作用 버금 부 지을 작 쓸 용

逼 핍박할 핍 辶(쉬엄쉬엄 갈 착) + 畐(가득할 복)

逼迫 핍박할 핍 핍박할 박 : 사람을 억눌러 괴롭힘

엎드릴 복

三伏 석 삼 엎드릴 복 : 초복 중복 말복

屈伏 굽힐 굴 엎드릴 복

潛伏 잠길 잠 엎드릴 복

降伏 항복할 항 엎드릴 복

洑 보 보(물 가둠) 水(물 수) + 伏(엎드릴 복)

民洑 백성 민 보 보 : 자체로 쌓아 만든 논의 보

뿌리글자로만 의미

번거로울 복

僕 종 복 人(사람 인) + 菐(번거로울 복)

臣僕 신하 신 종 복

奴僕 종 노 종 복

撲 칠 박 手(손 수) + 菐(번거로울 복)

撲殺 칠 박 죽일 살

撲滅 칠 박 꺼질 멸

打撲傷 칠 타 칠 박 다칠 상

樸 순박할 박 木(나무 목) + 菐(번거로울 복)

質樸 바탕 질 순박할 박 : 꾸밈없이 수수함

樸陋 순박할 박 더러울 루 : 수수하고 허름함

뿌리글자로만 의미

점 복

占 점칠 점(점령할 점) 卜(점 복) + 口(입 구)

占術 점칠 점 재주 술
占領 점령할 점 거느릴 령

朴 성씨 박(순박할 박) 木(나무 목) + 卜(점 복)

淳朴 순박할 순 순박할 박
素朴 본디 소 순박할 박

赴 다다를 부 走(달릴 주) + 卜(점 복)

赴任 다다를 부 맡길 임

訃 부고 부(죽음을 알리는 통지) 言(말씀 언) + 卜(점 복)

訃告 부고 부 고할 고 : 죽음을 알리는 통지

外 바깥 외 夕(저녁 석) + 卜(점 복)

外套 바깥 외 씌울 투

貞 곧을 정 卜(점 복) + 貝(조개 패)

貞淑 곧을 정 맑을 숙

卞 성씨 변(법 변) 上(윗 상 – 변형) + 卜(점 복)

卨 사람 이름 설 卜(점 복) + 咼(입 비뚤어질 괘/와)

奉仕 받들 봉 섬길 사
奉獻 받들 봉 드릴 헌

받들 봉

捧 받들 봉 手(손 수) + 奉(받들 봉)

捧納 받들 봉 들일 납

棒 막대 봉 木(나무 목) + 奉(받들 봉)

棍棒 몽둥이 곤 막대 봉
鐵棒 쇠 철 막대 봉
綿棒 솜 면 막대 봉

俸 녹 봉 人(사람 인) + 奉(받들 봉)

俸給 녹 봉 줄 급
薄俸 엷을 박 녹 봉
減俸 덜 감 녹 봉
年俸制 해 년 녹 봉 절제할 제

뿌리
글자

夆 뿌리글자로만 의미

끌 봉(이끌다)

蜂 벌 봉 虫(벌레 충) + 夆(끌 봉)

養蜂 기를 양 벌 봉
蜂蜜 벌 봉 꿀 밀
蜂起 벌 봉 일어날 기

逢 만날 봉 辶(쉬엄쉬엄 갈 착) + 夆(끌 봉)

相逢 서로 상 만날 봉
逢着 만날 봉 붙을 착
逢變 만날 봉 변할 변

蓬 쑥 봉 艸(풀 초) + 逢(만날 봉)

蓬艾 쑥 봉 쑥 애
蓬笠 쑥 봉 삿갓 립 : 쑥으로 만든 삿갓

縫 꿰맬 봉 糸(실 사) + 逢(만날 봉)

縫合 꿰맬 봉 합할 합
縫製 꿰맬 봉 지을 제
裁縫 마를 재 꿰맬 봉
假縫 거짓 가 꿰맬 봉

烽 봉화 봉 火(불 화) + 夆(끌 봉)

烽火 봉화 봉 불 화
僞烽 거짓 위 봉화 봉 : 적을 속이는 봉화

鋒 칼날 봉 金(쇠 금) + 夆(끌 봉)

先鋒 먼저 선 칼날 봉 : 맨 앞장
爭鋒 다툴 쟁 칼날 봉 : 칼끝으로 싸워 다툼

夫婦 지아비 부 며느리 부
農夫 농사 농 지아비 부
漁夫 고기잡을 어 지아비 부

지아비 부

扶 도울 부 手(손 수) + 夫(지아비 부)

扶養 도울 부 기를 양
扶助 도울 부 도울 조
相扶相助 서로 상 도울 부 서로 상 도울 조

芙 연꽃 부 艸(풀 초) + 夫(지아비 부)

芙蓉 연꽃 부 연꽃 용
阿芙蓉 언덕 아 연꽃 부 연꽃 용 : 양귀비꽃

規 법 규 夫(지아비 부) + 見(볼 견)

規範 법 규 법 범
規則 법 규 법칙 칙
規制 법 규 절제할 제
規模 법 규 본 뜰 모

窺 엿볼 규 穴(구멍 혈) + 夫(지아비 부) + 見(볼 견)

窺視 엿볼 규 볼 시 : 몰래 엿봄
籬窺 울타리 리 엿볼 규 : 울타리 사이로 엿봄

替 바꿀 체 夫(지아비 부) + 夫(지아비 부) + 曰(가로 왈)

代替 대신할 대 바꿀 체
交替 사귈 교 바꿀 체
移替 옮길 이 바꿀 체

付託 줄 부 부탁할 탁
納付 들일 납 줄 부
發付 필 발 줄 부
配付 나눌 배 줄 부
貸付 빌릴 대 줄 부

咐 분부할 부 口(입 구) + 付(줄 부)

吩咐 분부할 분 분부할 부 : 일을 나누어 시킴

附 붙을 부 阜(언덕 부) + 付(줄 부)

添附 더할 첨 붙을 부
寄附 부칠 기 붙을 부
阿附 언덕 아 붙을 부
附與 붙을 부 줄 여
附近 붙을 부 가까울 근

駙 곁마 부(마차 옆을 따라가는 말) 馬(말 마) + 付(줄 부)

駙馬 곁마 부 말 마 : 임금의 사위

符 부호 부(기호) 竹(대 죽) + 付(줄 부)

符號 부호 부 이름 호
符籍 부호 부 문서 적
終止符 마칠 종 그칠 지 부호 부

府 마을 부(관청) 广(집 엄) + 付(줄 부)

政府 정사 정 마을 부
司法府 맡을 사 법 법 마을 부

俯 구부릴 부 人(사람 인) + 府(마을 부)

俯瞰 구부릴 부 굽어볼 감 : 위에서 아래를 내려 봄
俯瞰圖 = 鳥瞰圖 구부릴 부 굽어볼 감 그림 도 = 새 조 굽어볼 감 그림 도

腑 육부 부 月(육달 월) + 府(마을 부)

五臟六腑 다섯 오 오장 장 여섯 육 육부 부

腐 썩을 부 府(마을 부) + 肉(고기 육)

腐敗 썩을 부 패할 패
腐蝕 썩을 부 좀먹을 식
豆腐 콩 두 썩을 부
防腐劑 막을 방 썩을 부 약제 제

孚佑 미쁠 부 도울 우 : 믿고 도와줌

미쁠 부(믿음직함)

浮 뜰 부 水(물 수) + 孚(미쁠 부)

浮刻 뜰 부 새길 각
浮揚策 뜰 부 날릴 양 꾀 책
急浮上 급할 급 뜰 부 윗 상

孵 알 깔 부 卵(알 란) + 孚(미쁠 부)

孵化 알 깔 부 될 화

乳 젖 유 孚(미쁠 부) + 乙(새 을 – 변형)

牛乳 소 우 젖 유
粉乳 가루 분 젖 유
離乳食 떠날 리 젖 유 먹을 식
哺乳類 먹일 포 젖 유 무리 류

父親 아버지 부 친할 친

아버지 부

斧 도끼 부 父(아버지 부) + 斤(도끼 근)

斧鉞 도끼 부 도끼 월 : 작은 도끼와 큰 도끼

釜 가마 부 父(아버지 부) + 金(쇠 금)

釜山 가마 부 뫼 산
京釜線 서울 경 가마 부 줄 선

爺 아버지 야 父(아버지 부) + 耶(어조사 야)

丘阜 = 岡阜 언덕 구 언덕 부
= 산등성이 강 언덕 부 : 언덕

언덕 부

埠 부두 부(선창) 土(흙 토) + 阜(언덕 부)

船埠 배 선 부두 부 : 나루터
埠頭 부두 부 머리 두 : 선창가

뿌리글자로만 의미

침 부(침을 뱉다)

部 떼 부(거느릴 부) 咅(침 부) + 邑(고을 읍)

部隊 떼 부 무리 대

幹部 줄기 간 떼 부 : 단체의 우두머리

剖 쪼갤 부 咅(침 부) + 刀(칼 도)

解剖 풀 해 쪼갤 부

剖檢 쪼갤 부 검사할 검 : 시체를 해부하여 검사

倍 곱 배(갑절) 人(사람 인) + 咅(침 부)

倍數 곱 배 셈 수

倍加 곱 배 더 할 가

倍達民族 곱 배 통달할 달 백성 민 겨레 족

培 북을 돋울 배 土(흙 토) + 咅(침 부)

栽培 심을 재 북 돋울 배

培養 북을 돋울 배 기를 양 : 인공으로 가꾸어 기름

陪 모실 배 阜(언덕 부) + 咅(침 부)

陪席 모실 배 자리 석

陪審員 모실 배 살필 심 인원 원

賠 물어줄 배 貝(조개 패) + 咅(칩 부)

損害賠償 덜 손 해할 해 물어줄 배 갚을 상

菩 보살 보 艸(풀 초) + 咅(칩 부)

菩薩 보살 보 보살 살

分讓 나눌 분 사양할 양

나눌 분

粉 가루 분 米(쌀 미) + 分(나눌 분)

粉筆 가루 분 붓 필
粉塵 가루 분 티끌 진
粉紅色 가루 분 붉을 홍 빛 색

吩 분부할 분 口(입 구) + 分(나눌 분)

吩咐 분부할 분 분부할 부

紛 어지러울 분 糸(실 사) + 分(나눌 분)

紛亂 어지러울 분 어지러울 란
紛失 어지러울 분 잃을 실
紛糾 어지러울 분 얽힐 규

扮 꾸밀 분 手(손 수) + 分(나눌 분)

扮裝 꾸밀 분 꾸밀 장

芬 향기 분 艸(풀 초) + 分(나눌 분)

芬芳 향기 분 꽃다울 방 : 꽃다운 향기

73

忿 성낼 분 分(나눌 분) + 心(마음 심)

忿怒=憤怒 성낼 분 성낼 노 = 분할 분 성낼 노
激忿 격할 격 성낼 분

盆 동이 분 分(나눌 분) + 皿(그릇 명)

花盆 꽃 화 동이 분

雰 눈 날릴 분 雨(비 우) + 分(나눌 분)

雰圍氣 눈 날릴 분 에워쌀 위 기운 기

貧 가난할 빈 分(나눌 분) + 貝(조개 패)

貧困 가난할 빈 곤할 곤
貧弱 가난할 빈 약할 약
貧血 가난할 빈 피 혈
富貴貧賤 부유할 부 귀할 귀 가난할 빈 천할 천

頒 나눌 반 分(나눌 분) + 頁(머리 혈)

頒布 나눌 반 펼 포(베 포) : 널리 펴서 알게 함

弗

弗素 아닐 불 본디 소(흴 소) :
　　　할로겐 원소의 하나
弗貨 아닐 불 재물 화 : 달러 미국 돈

아닐 불

佛 부처 불 人(사람 인) + 弗(아닐 불)

佛敎 부처 불 가르칠 교
彌勒佛 미륵 미 굴레 륵 부처 불 : 미륵보살

彿 비슷할 불 彳(걸을 척) + 弗(아닐 불)

彷彿 비슷할 방(헤맬 방) 비슷할 불 : 비슷함

拂 떨칠 불 手(손 수) + 弗(아닐 불)

支拂 지탱할 지 떨칠 불
滯拂 막힐 체 떨칠 불
換拂 바꿀 환 떨칠 불
拂拭 떨칠 불 씻을 식 : 말끔하게 치워 없앰

沸 끓을 비 水(물 수) + 弗(아니 불)

煮沸 삶을 자 끓을 비 : 물 따위가 펄펄 끓음
沸點 끓을 비 점 점 : 끓기 시작하는 온도
沸騰 끓을 비 오를 등 : 액체가 끓어오름
白沸湯 흰 백 끓을 비 끓일 탕 : 맹탕을 끓임

費 쓸 비 弗(아니 불) + 貝(조개 패)

消費 사라질 소 쓸 비

經費 지날 경 쓸 비

浪費 물결 랑 쓸 비

醫療費 의원 의 병 고칠 료 쓸 비

不拘 아닐 불 잡을 구
不滿 아닐 불 찰 만
不均衡 아닐 불 고를 균 저울대 형
不條理 아닐 부 가지 조 다스릴 리
不適切 아닐 부 맞을 적 끊을 절(온통 체)

아닐 불/부

否 아닐 부(막힐 비) 不(아닐 불/부) + 口(입 구)

拒否 막을 거 아닐 부
安否 편안 안 아닐 부
否決 아닐 부 결단할 결
否運 막힐 비 옮길 운 : 나쁜 운명

丕 클 비 不(아닐 불/부) + 一(한 일)

丕績 클 비 길쌈할 적 : 훌륭한 큰 공적

杯 잔 배 木(나무 목) + 不(아닐 불/부)

乾杯 마를 건 잔 배
苦杯 쓸 고 잔 배
毒杯 독 독 잔 배
暴杯 사나울 폭 잔 배
祝杯 빌 축 잔 배

胚 임신할 배 月(육달 월) + 丕(클 비)

胚芽 임신할 배 싹 아
胚囊 임신할 배 주머니 낭

歪 기울 왜 不(아닐 불/부) + 正(바를 정)

歪曲 기울 왜 굽을 곡 : 비틀어 곱새김

朋友有信 벗 붕 벗 우 있을 유 믿을 신

벗 붕

棚 사다리 붕 木(나무 목) + 朋(벗 붕)

氷棚 얼음 빙 사다리 붕 : 거대한 얼음덩어리

硼 붕사 붕 石(돌 석) + 朋(벗 붕)

硼沙 붕사 붕 모래 사 : 붕산나트륨의 결정

鵬 붕새 붕 朋(벗 붕) + 鳥(새 조)

鵬翼 붕새 붕 날개 익 : 큰 사업이나 계획

崩 무너질 붕 山(뫼 산) + 朋(벗 붕)

崩壞 무너질 붕 무너질 괴
崩御 무너질 붕 거느릴 어 : 임금이 돌아가심

繃 묶을 붕 糸(실 사) + 崩(무너질 붕)

繃帶 묶을 붕 띠 대

比 견줄 비

比較 견줄 비 견줄 교
比喩 견줄 비 깨우칠 유
比率 견줄 비 비율 율
櫛比 빗 즐 견줄 비

批 비평할 비 手(손 수) + 比(견줄 비)

批評 비평할 비 평할 평
批判 비평할 비 판단할 판
批准 비평할 비 준할 준

秕 쭉정이 비(더럽다) 禾(벼 화) + 比(견줄 비)

秕政 쭉정이 비 정사 정 : 나쁘고 썩은 정치

妣 죽은 어머니 비 女(여자 녀) + 比(견줄 비)

祖妣 조상 조 죽은 어머니 비 : 죽은 할머니

砒 비상 비 石(돌 석) + 比(견줄 비)

砒霜 비상 비 서리 상 : 비석을 승화시킨 결정체

琵 비파 비 珏(쌍옥 각 - 변형) + 比(견줄 비)

琵琶 비파 비 비파 파

毘 도울 비 田(밭 전) + 比(견줄 비)

毖 삼갈 비 比(견줄 비) + 必(반드시 필)

懲毖錄 징계할 징 삼갈 비 기록할 록 : 책 이름

庇 덮을 비 广(집 엄) + 比(견줄 비)

庇護 덮을 비 도울 호 : 뒤덮어서 보호함

뿌리글자로만 의미

더러울 비

鄙 더러울 비 啚(더러울 비) + 邑(고을 읍)

鄙陋 더러울 비 더러울 루 : 더럽고 추저분함

圖 그림 도 囗(에워쌀 위) + 啚(더러울 비)

地圖 땅 지 그림 도
構圖 얽을 구 그림 도
試圖 시험 시 그림 도
圖謀 그림 도 꾀 모

備 갖출 비

準備 준할 준 갖출 비　守備 지킬 수 갖출 비

裝備 꾸밀 장 갖출 비　整備 가지런할 정 갖출 비

對備策 대할 대 갖출 비 꾀 책

警備艇 경계할 경 (깨우칠 경) 갖출 비 배 정

憊 고단할 비　備(갖출 비) + 心(마음 심)

困憊 = 虛憊 곤할 곤 고단할 비 = 빌 허 고단할 비 : 고달파 피곤함

뿌리글자

是非 옳을 시 아닐 비
非常 아닐 비 항상 상
非但 아닐 비 다만 단
非難 비방할 비 어려울 난

아닐 비(비방할 비)

誹 헐뜯을 비 言(말씀 언) + 非(아닐 비)

誹謗 헐뜯을 비 헐뜯을 방
誹毀罪 헐뜯을 비 헐 훼 허물 죄 : 명예를 헐뜯은 죄

緋 비단 비 糸(실 사) + 非(아닐 비)

緋緞 비단 비 비단 단

悲 슬플 비 非(아닐 비) + 心(마음 심)

喜悲 기쁠 희 슬플 비
悲哀 슬플 비 슬플 애
悲慘 슬플 비 참혹할 참
悲劇 슬플 비 심할 극
慈悲心 사랑 자 슬플 비 마음 심

蜚 바퀴 비 非(아닐 비) + 虫(벌레 충)

蜚蠊 바퀴 비 바퀴 렴 : 바퀴벌레

翡 물총새 비(비취 비) 非(아닐 비) + 羽(깃 우)

翡翠 비취 비 푸를 취 : 짙은 초록색의 경옥
翡翠科 물총새 비 물총새 취 과목 과 : 물총새 과의 새

匪 비적 비 匸(상자 방) + 非(아닐 비)

匪賊 비적 비 도둑 적 : 떼 지어 다니는 도둑

扉 사립문 비 戶(집 호 지게문 호) + 非(아닐 비)

柴扉 섶 시 사립문 비 : 사립문

俳 배우 배 人(사람 인) + 非(아닐 비)

映畫俳優 비칠 영 그림 화(획) 배우 배 뛰어날 우

徘 어정거릴 배 彳(걸을 척) + 非(아닐 비)

徘徊 어정거릴 배 머물거릴 회

排 밀칠 배(물리치다) 手(손 수) + 非(아닐 비)

排斥 밀칠 배 물리칠 척
排泄 밀칠 배 샐 설
排布 밀칠 배 펼 포
排他 밀칠 배 다를 타
排擠 밀칠 배 밀칠 제
排卵 밀칠 배 알 란

輩 무리 배 非(아닐 비) + 車(수레 거/차)

先輩 먼저 선 무리 배
後輩 뒤 후 무리 배

靡 쓰러질 미 麻(삼 마) + 非(아닐 미)

萎靡 시들 위 쓰러질 미

罪 허물 죄 罒(그물 망) + 非(아닐 비)

犯罪 범할 범 허물 죄
罪悚 허물 죄 두려울 송

裵 성씨 배(치렁치렁할 배) 非(아닐 비) + 衣(옷 의)

卑賤 낮을 비 천할 천
卑怯 낮을 비 겁낼 겁

낮을 비

脾 지라 비 月(육달 월) + 卑(낮을 비)

脾臟 지라 비 오장 장

碑 비석 비 石(돌 석) + 卑(낮을 비)

墓碑 무덤 묘 비석 비

婢 여자 종 비 女(여자 녀) + 卑(낮을 비)

奴婢 종 노 여자 종 비

裨 도울 비 衣(옷 의) + 卑(낮을 비)

裨助 도울 비 도울 조

痺 저릴 비 疒(병들어 기댈 녁) + 卑(낮을 비)

痲痺 저릴 마 저릴 비

牌 패 패 片(조각 편) + 卑(낮을 비)

門牌 문 문 패 패
防牌 막을 방 패 패

稗 피 패 禾(벼 화) + 卑(낮을 비)

稗飯 피 패 밥 반

貴賓 귀할 귀 손 빈
國賓 나라 국 손 빈
來賓 올 래 손 빈

손 빈

嬪 궁녀 벼슬 이름 빈 女(여자 녀) + 賓(손 빈)

宮嬪 집 궁 궁녀 빈 : 궁녀
嬪宮 궁녀 빈 집 궁 : 왕세자의 아내

殯 빈소 빈 歹(뼈 앙상할 알) + 賓(손 빈)

殯所 빈소 빈 바 소 : 발인까지 관 있는 방

濱 물가 빈 水(물 수) + 賓(손 빈)

海濱 바다 해 물가 빈 : 해변가

頻發 자주 빈 필 발
頻繁 자주 빈 번성할 번
頻脈 자주 빈 줄기 맥

자주 빈

嚬 찡그릴 빈 口(입 구) + 頻(자주 빈)

嚬笑 찡그릴 빈 웃음 소 : 슬픔과 기쁨
嚬蹙 찡그릴 빈 닥칠 축 : 남에게 받는 미움

瀕 가 빈(가까울 빈) 水(물 수) + 頻(자주 빈)

瀕海 물가 빈 바다 해 : 바닷가
瀕死 가까울 빈 죽을 사 : 거의 죽음에 이름

暴虎馮河 사나울 포(폭) 범 호 업신여길
빙 물 하 : 무모하게 용기를
내어 행동

업신여길 빙 (성씨 풍)

憑 기댈 빙 馮(성씨 풍) + 心(마음 심)

憑藉 기댈 빙 깔 자
憑依 기댈 빙 의지할 의
信憑性 믿을 신 기댈 빙 성품 성

맡을 사

上司 윗 상 맡을 사
司正 맡을 사 바를 정 : 그릇된 것을 바로잡음
司法府 맡을 사 법 법 마을 부

詞 말 사(글 사) 言(말씀 언) + 司(맡을 사)

歌詞 노래 가 글 사
動詞 움직일 동 글 사

飼 기를 사 食(밥 식) + 司(맡을 사)

飼育 기를 사 기를 육
飼料 기를 사 헤아릴 료
放飼 놓을 방 기를 사

祠 사당 사 示(보일 시) + 司(맡을 사)

祠堂 사당 사 집 당
神祠參拜 귀신 신 사당 사 참여할 참 절 배 : 신령을 모신 사당에서 배례함

嗣 이을 사 口(입 구) + 冊(책 책) + 司(맡을 사)

後嗣 뒤 후 이을 사 : 대를 잇는 자식
承嗣 이을 승 이을 사 : 뒤를 이음

92

死亡 죽을 사 망할 망
餓死 주릴 아 죽을 사
橫死 가로 횡 죽을 사
死角地帶 죽을 사 뿔 각 땅 지 띠 대

죽을 사

屍 주검 시 尸(주검 시) + 死(죽을 사)

屍體 주검 시 몸 체
檢屍 검사할 검 주검 시

葬 장사지낼 장 艹(풀 초) + 死(죽을 사) + 廾(받들 공)

埋葬 묻을 매 장사지낼 장
移葬 옮길 이 장사지낼 장
葬禮式 장사지낼 장 예도 례 법 식

斃 죽을 폐 敝(해질 폐) + 死(죽을 사)

斃死 죽을 폐 죽을 사
疲斃 피곤할 피 죽을 폐 : 기운이 쇠약해짐

집 사

廳舍 관청 청 집 사   驛舍 역 역 집 사
僧舍 중 승 집 사   畜舍 짐승 축 집 사
家禽舍 집 가 새 금 집 사 : 집에서 닭 등을 기름
寄宿舍 부칠 기 잘 숙 집 사

捨 버릴 사 手(손 수) + 舍(집 사)

取捨 가질 취 버릴 사
姑捨 시어머니 고 버릴 사 : 말할 것도 없고
四捨五入 넉 사 버릴 사 다섯 오 들 입 : 반올림

舒 펼 서 舍(집 사) + 予(나 여)

平心舒氣 평평할 평 마음 심 펼 서 기운 기

史記 사기 사 기록할 기 : 역사를 기록한 책
歷史 지날 력 사기 사

사기 사

使 하여금 사(부릴 사) 人(사람 인) + 吏(벼슬아치 리)

設使 베풀 설 하여금 사
使用 부릴 사 쓸 용
使嗾 부릴 사 부추길 주
驅使 몰 구 부릴 사

吏 벼슬아치 리 一(한 일) + 史(사기 사)

官吏 벼슬 관 벼슬아치 리
胥吏 서로 서 벼슬아치 리 : 하급 관리
監吏 볼 감 벼슬아치 리 : 감독하는 관리

뿌리글자

思考 생각 사 생각할 고
思索 생각 사 찾을 색
思想 생각 사 생각 상
思慕 생각 사 그릴 모

생각 사

媤 시집 시 女(여자 녀) + 思(생각 사)

媤宅 시집 시 댁 댁(택)
媤同生 시집 시 한가지 동 날 생

慮 생각할 려 虍(범 호) + 思(생각 사)

念慮 생각 념 생각할 려
配慮 나눌 배 생각할 려
憂慮 근심 우 생각할 려

濾 거를 려 水(물 수) + 慮(생각할 려)

濾過器 거를 려 지날 과 그릇 기

攄 펼 터 手(손 수) + 慮(생각할 려)

攄得 펼 터 얻을 득

96

寺刹 절 사 절 찰
寺塔 절 사 탑 탑
官寺 벼슬 관 관청 시 :
　　　나랏일을 처리하던 곳

절 사(관청 시)

時 때 시 日(해 일) + 寺(절 사 관청 시)

時期 때 시 기약할 기
臨時 임할 림 때 시
暫時 잠깐 잠 때 시

詩 시 시 言(말씀 언) + 寺(절 사 관청 시)

詩集 시 시 모을 집
詩想 시 시 생각 상
童詩 아이 동 시 시

侍 모실 시 人(사람 인) + 寺(절 사 관청 시)

內侍 안 내 모실 시
侍女 모실 시 여자 녀
侍衛隊 모실 시 지킬 위 무리 대 : 임금의 호위 군대

待 기다릴 대 彳(걸을 척) + 寺(절 사 관청 시)

期待 기약할 기 기다릴 대
招待 부를 초 기다릴 대
虐待 모질 학 기다릴 대

持 가질 지 手(손 수) + 寺(절 사 관청 시)

維持 벼리 유 가질 지
矜持 자랑할 긍 가질 지
持久力 가질 지 오랠 구 힘 력

特 특별할 특 牛(소 우) + 寺(절 사 관청 시)

特殊 특별할 특 다를 수
特輯 특별할 특 모을 집
特惠 특별할 특 은혜 혜
特講 특별할 특 외울 강

等 무리 등 竹(대 죽) + 寺(절 사 관청 시)

等級 무리 등 등급 급
差等 다를 차 무리 등
越等 넘을 월 무리 등

峙 언덕 치 山(뫼 산) + 寺(절 사 관청 시)

對峙 대할 대 언덕 치 : 서로 마주 대하여 버팀

痔 치질 치 疒(병들어 기댈 녁) + 寺(절 사 관청 시)

痔疾 치질 치 병 질
痔漏 치질 치 샐 루
痔核 치질 치 씨 핵

乍晴 잠깐 사 갤 청 : 비가 그치고 잠깐 갬

잠깐 사

昨 어제 작 日(날 일) + 乍(잠깐 사)

昨年 어제 작 해 년

炸 터질 작 火(불 화) + 乍(잠깐 사)

炸裂 터질 작 찢을 렬
炸醬麵 터질 작 장 장 밀가루 면

作 지을 작 人(사람 인) + 乍(잠깐 사)

作業 지을 작 업 업
作戰 지을 작 싸움 전
製作 지을 제 지을 작
始作 비로소 시 지을 작

詐 속일 사 言(말씀 언) + 乍(잠깐 사)

詐欺 속일 사 속일 기
詐稱 속일 사 일컬을 칭
詐病 속일 사 병 병(꾀병)

祚 복 조 示(보일 시) + 乍(잠깐 사)

聖祚 성인 성 복 조 : 임금의 자리

窄 좁을 착 穴(구멍 혈) + 乍(잠깐 사)

狹窄 좁을 협 좁을 착 : 공간이 몹시 좁음

搾 짤 착 手(손 수) + 窄(좁을 착)

搾取 짤 착 가질 취
壓搾 누를 압 짤 착

射擊 쏠 **사** 칠 격
發射 필 **발** 쏠 **사**
注射 부을 **주** 쏠 **사**

쏠 사

謝 사례할 **사** 言(말씀 언) + 射(쏠 사)

謝禮 사례할 **사** 예도 례
謝過 사례할 **사** 지날 과

麝 사향노루 **사** 鹿(사슴 록) + 射(쏠 사)

麝香 사향노루 **사** 향기 향

뿌리글자로만 의미

풀 사(짐을 풀다)

御 거느릴 어 彳(걸을 척) + 午(낮 오) + 止(그칠 지) + 卩(병부 절)

暗行御史 어두울 암 다닐 행 거느릴 어 사기 사

崩御 무너질 붕 거느릴 어 : 임금이 돌아가심

制御 절제할 제 거느릴 어

禦 막을 어 御(거느릴 어) + 示(보일 시)

防禦 막을 방 막을 어

散

흩을 산

解散 풀 해 흩을 산　　擴散 넓힐 확 흩을 산

霧散 안개 무 흩을 산　　散漫 흩을 산 흩어질 만

散步 흩을 산 걸음 보　　散策 흩을 산 꾀 책

撒 뿌릴 살 手(손 수) + 散(흩을 산)

撒布 뿌릴 살 펼 포

算 셈 산

計算 셀 계 셈 산　　豫算 미리 예 셈 산
淸算 맑을 청 셈 산　　推算 밀 추 셈 산
決算 결단할 결 셈 산

纂 모을 찬 算(셈 산 – 변형) + 糸(실 사)

編纂 엮을 편 모을 찬 : 수집하고 정리하여 만듦

簒 빼앗을 찬 算(셈 산 – 변형) + 厶(사사 사)

簒奪 = 簒位 빼앗을 찬 빼앗을 탈 = 빼앗을 찬 자리 위 :

　　　　　　임금의 자리를 빼앗음

飯臿 밥 반 가래 삽 : 밥주걱

가래 삽

插 꽂을 삽 手(손 수) + 臿(가래 삽)

插入 꽂을 삽 들 입

插畫 꽂을 삽 그림 화

插匙 꽂을 삽 숟가락 시 : 제사 때 숟가락을 밥그릇에 꽂음

相互 서로 상 서로 호
相續 서로 상 이을 속
相殺 서로 상 빠를 쇄(죽일 살)

서로 상

想 생각 상 相(서로 상) + 心(마음 심)

想像 생각 상 모양 상
幻想 헛보일 환 생각 상
默想 잠잠할 묵 생각 상

箱 상자 상 竹(대 죽) + 相(서로 상)

箱子 상자 상 아들 자

霜 서리 상 雨(비 우) + 相(서로 상)

霜露 서리 상 이슬 로
霜髮 서리 상 터럭 발 : 하얗게 센 머리털

孀 홀어머니 상(과부 상) 女(여자 녀) + 霜(서리 상)

青孀寡婦 푸를 청 홀어머니 상 적을 과 며느리 부

崇尚 높을 숭 오히려 상
嘉尚 아름다울 가 오리려 상 :
　　　 갸륵하게 여겨 칭찬함

오히려 상

常 항상 상 尚(오히려 상) + 巾(수건 건)

　　 恒常 항상 항 항상 상
　　 常識 항상 상 알 식
　　 異常 다를 이 항상 상
　　 殊常 다를 수 항상 상

賞 상줄 상 尚(오히려 상) + 貝(조개 패)

　　 賞罰 상줄 상 벌할 벌
　　 賞狀 상줄 상 문서 장
　　 褒賞 기릴 포 상줄 상
　　 懸賞金 달 현 상줄 상 쇠 금

償 갚을 상 人(사람 인) + 賞(상줄 상)

　　 補償 기울 보 갚을 상
　　 賠償 물어줄 배 갚을 상

嘗 맛볼 상 尚(오히려 상) + 旨(뜻 지 맛 지)

　　 嘗味 맛볼 상 맛 미 : 맛보려고 조금 먹어봄
　　 臥薪嘗膽 누울 와 섶 신 맛볼 상 쓸개 담 : 원수를 갚으려고 모든 것을 참음

치마 상 尙(오히려 상) + 衣(옷 의)

衣裳室 옷 의 치마 상 집 실

堂 집 당 尙(오히려 상) + 土(흙 토)

食堂 먹을 식 집 당
祠堂 사당 사 집 당
講堂 외울 강 집 당
書堂 글 서 집 당
佛堂 부처 불 집 당
聖堂 성인 성 집 당

 사마귀 당 虫(벌레 충) + 堂(집 당)

螳螂 사마귀 당 사마귀 랑

當 마땅 당 尙(오히려 상) + 田(밭 전)

當然 마땅 당 그럴 연
擔當 멜 담 마땅 당
該當 갖출 해 마땅 당
堪當 견딜 감 마땅 당
當選 마땅 당 가릴 선

 아가위 당(산사자) 尙(오히려 상) + 木(나무 목)

海棠花 바다 해 아가위 당 꽃 화

黨 무리 당 尙(오히려 상) + 黑(검을 흑)

政黨 정사 정 무리 당
與黨 더불 여 무리 당
野黨 들 야 무리 당

掌 손바닥 장 尙(오히려 상) + 手(손 수)

掌匣 손바닥 장 갑 갑
掌握 손바닥 장 쥘 악
拍掌大笑 칠 박 손바닥 장 클 대 웃음 소

敞 시원할 창 尙(오히려 상) + 攵(칠 복)

寬敞 너그러울 관 시원할 창 : 앞이 탁 트여 넓음
通敞 통할 통 시원할 창 : 시원스럽게 넓고 환함

廠 공장 창 广(집 엄) + 敞(시원할 창)

兵器廠 병사 병 그릇 기 공장 창 : 각종 병기를 만들고 고치는 공장

象牙 코끼리 상 어금니 아

코끼리 상

像 모양 상 人(사람 인) + 象(코끼리 상)

銅像 구리 동 모양 상
肖像畫 닮을 초 모양 상 그림 화

豫 미리 예 予(나 여) + 象(코끼리 상)

豫防 미리 예 막을 방
豫約 미리 예 맺을 약

色彩 빛 색 채색 채
染色 물들 염 빛 색

빛 색

艶 고울 염 豊(풍년 풍) + 色(빛 색)

妖艶 요사할 요 고울 염
濃艶 짙을 농 고울 염

絶 끊을 절 糸(실 사) + 色(빛 색)

絶望 끊을 절 바랄 망
杜絶 막을 두 끊을 절

嗇嗇 아낄 린 아낄 색

아낄 색

墻 담 장 土(흙 토) + 嗇(아낄 색)

墻壁 담 장 벽 벽

檣 돛대 장 木(나무 목) + 嗇(아낄 색)

船檣 배 선 돛대 장 : 배의 돛대

薔 장미 장 艸(풀 초) + 嗇(아낄 색)

薔薇 장미 장 장미 미

生 날 생

誕生 낳을 탄 날 생
衛生 지킬 위 날 생
生存 날 생 있을 존
生涯 날 생 물가 애

牲 희생 생 牛(소 우) + 生(날 생)

犧牲 희생 희 희생 생
犧牲 드릴 헌 희생 생 : 신에게 산 짐승을 바침

甥 생질 생 生(날 생) + 男(사내 남)

甥姪 생질 생 조카 질 : 누이의 아들

性 성품 성 心(마음 심) + 生(날 생)

性格 성품 성 격식 격
性質 성품 성 바탕 질
性急 성품 성 급할 급
柔軟性 부드러울 유 연할 연 성품 성

姓 성씨 성 女(여자 녀) + 生(날 생)

姓名 성씨 성 이름 명
百姓 일백 백 성씨 성

星 별 성 日(해 일) + 生(날 생)

彗星 살별 혜 별 성

113

衛星 지킬 위 별 성

醒 깰 성 酉(술 주 – 변형) + 星(별 성)

覺醒劑 깨달을 각 깰 성 약제 제

旌 기 정 㫃(나부낄 언) + 生(살 생)

銘旌 새길 명 기 정

産 낳을 산 彦(선비 언 – 변형) + 生(날 생)

財産 재물 재 낳을 산
遺産 남길 유 낳을 산
破産 깨뜨릴 파 낳을 산
畜産 짐승 축 낳을 산

薩 보살 살 艸(풀 초) + 阜(언덕 부) + 産(낳을 산)

菩薩 보살 보 보살 살

隆 높을 륭 阜(언덕 부) + 低(낮을 저 – 변형) + 生(날 생)

隆起 높을 륭 일어날 기
隆盛 높을 륭 성할 성

114

庶民 여러 서 백성 민
庶務室 여러 서 힘쓸 무 집 실

여러 서

遮 가릴 차(감추다) 辶(쉬엄쉬엄 갈 착) + 庶(여러 서)

遮斷 가릴 차 끊을 단
遮止 가릴 차 그칠 지

蔗 사탕수수 자 艹(풀 초) + 庶(여러 서)

甘蔗 달 감 사탕수수 자

犀角 무소 서 뿔 각
犀皮 무소 서 가죽 피

무소 서(코뿔소)

遲 더딜 지 辶(쉬엄쉬엄 갈 착) + 犀(무소 서)

遲刻 더딜 지 새길 각
遲滯 더딜 지 막힐 체
遲延 더딜 지 늘일 연
遲進兒 더딜 지 나아갈 진 아이 아

遙昔 멀 요 예 석 : 먼 옛날
昔年 예 석 해 년 : 여러 해 전

예 석

惜 아낄 석 心(마음 심) + 昔(예 석)

惜別 아낄 석 나눌 별
惜敗 아낄 석 패할 패
哀惜 슬플 애 아낄 석

借 빌릴 차 人(사람 인) + 昔(예 석)

借名 빌릴 차 이름 명
借用證 빌릴 차 쓸 용 증거 증
賃借料 품삯 임 빌릴 차 헤아릴 료

措 둘 조 手(손 수) + 昔(예 석)

措置=措處 둘 조 둘 치 = 둘 조 곳 처

錯 어긋날 착 金(쇠 금) + 昔(예 석)

錯覺 어긋날 착 깨달을 각
錯誤 어긋날 착 그르칠 오
錯視 어긋날 착 볼 시
錯雜 어긋날 착 섞일 잡
交錯 사귈 교 어긋날 착

醋 초 초(식초) 酒(술 주 – 변형) + 昔(예 석)

食醋酸 먹을 식 초 초 실 산

鵲 까치 작 昔(예 석) + 鳥(새 조)

烏鵲橋 까마귀 오 까치 작 다리 교

籍 문서 적 竹(대 죽) + 耤(짓밟을 적)

書籍 글 서 문서 적
戶籍 집 호 문서 적
除籍 덜 제 문서 적
學籍簿 배울 학 문서 적 문서 부

藉 깔 자 艸(풀 초) + 耤(짓밟을 적)

藉稱 깔 자 일컬을 칭
憑藉 기댈 빙 깔 자
狼藉 이리 랑 깔 자
慰藉料 위로할 위 깔 자 헤아릴 료

뿌리글자로만 의미

신 석(신발)

潟 개펄 석 水(물 수) + 舄(신 석)

干潟地 방패 간 개펄 석 땅 지 : 조수가 드나드는 개펄

寫 베낄 사 宀(집 면) + 舄(신 석)

寫眞 베낄 사 참 진
描寫 그릴 묘 베낄 사
複寫 겹칠 복 베낄 사
模寫 본뜰 모 베낄 사

瀉 쏟을 사 水(물 수) + 寫(베낄 사)

泄瀉 샐 설 쏟을 사
補瀉 도울 보 쏟을 사
瀉血 쏟을 사 피 혈

善惡 착할 선 악할 악
善導 착할 선 인도할 도
獨善 홀로 독 착할 선

착할 선

膳 선물 선(반찬 선) 月(육달 월) + 善(착할 선)

膳物 선물 선 물건 물
膳賜 선물 선 줄 사
肴膳 안주 효 반찬 선 : 술과 안주

繕 기울 선(수선하다) 糸(실 사) + 善(착할 선)

修繕 닦을 수 기울 선
補繕 기울 보 기울 선 : 보충하여 수선함

扇 부채 선

扇風機 부채 선 바람 풍 틀 기
繡扇 수놓을 수 부채 선 : 수를 놓은 부채

煽 부채질할 선 火(불 화) + 扇(부채 선)

煽動 부채질할 선 움직일 동
煽情的 부채질할 선 뜻 정 과녁 적

宣言 베풀 선 말씀 언
宣布 베풀 선 펼 포
宣傳 베풀 선 전할 전
宣誓 베풀 선 맹세할 서

베풀 선

瑄 도리옥 선 玉(구슬 옥) + 宣(베풀 선)

喧 지껄일 훤 口(입 구) + 宣(베풀 선)

喧騷 지껄일 훤 떠들 소 : 소란스러움

亘 뻗칠 긍 日(해 일) + 二(두 이)

延亘 늘일 연 뻗칠 긍 : 길게 이어져 뻗침

恒 항상 항 心(마음 심) + 亘(뻗칠 긍)

恒常 항상 항 항상 상
恒等式 항상 항 무리 등 법 식

桓 굳셀 환 木(나무 목) + 亘(뻗칠 긍)

桓因 굳셀 환 인할 인

先 먼저 선

先生 먼저 선 날 생
先祖 먼저 선 조상 조
率先垂範 거느릴 솔 먼저 선
　　　　드리울 수 법 범

跣 맨발 선 足(발 족) + 先(먼저 선)

跣行 맨발 선 다닐 행
裸跣 벗을 라 맨발 선 : 알몸과 맨발

銑 무쇠 선 金(쇠 금) + 先(먼저 선)

銑鐵 무쇠 선 쇠 철

洗 씻을 세 水(물 수) + 先(먼저 선)

洗手 씻을 세 손 수
洗顔 씻을 세 낯 안
洗濯 씻을 세 씻을 탁
洗滌 씻을 세 씻을 척
洗腦 씻을 세 골 뇌
洗練 씻을 세 익힐 련

贊 도울 찬 兟(나아갈 신) + 貝(조개 패)

贊成 도울 찬 이룰 성
贊反 도울 찬 돌이킬 반
贊助金 도울 찬 도울 조 쇠 금

舌戰 혀 설 싸움 전
毒舌 독 독 혀 설
口舌數 입 구 혀 설 셈 수

혀 설

活 살 활 水(물 수) + 舌(혀 설)

活動 살 활 움직일 동
活潑 살 활 물 뿌릴 발
復活 다시 부 살 활

闊 넓을 활 門(문 문) + 活(살 활)

闊步 넓을 활 걸음 보
廣闊 넓을 광 넓을 활
闊葉樹 넓을 활 잎 엽 나무 수

括 묶을 괄 手(손 수) + 舌(혀 설)

包括 쌀 포 묶을 괄
總括 다 총 묶을 괄
括弧 묶을 괄 활 호

刮 긁을 괄 舌(혀 설) + 刀(칼 도)

刮目 긁을 괄 눈 목 : 실력이 부쩍 늘어 다시 봄

124

話 말씀 화 言(말씀 언) + 舌(혀 설)

電話 번개 전 말씀 화
對話 대할 대 말씀 화

憩 쉴 게 舌(혀 설) + 自(스스로 자) + 心(마음 심)

休憩所 쉴 휴 쉴 게 바 소

纖 가늘 섬 糸(실 사) + 韱(부추 섬)

纖細 가늘 섬 가늘 세
纖維 가늘 섬 벼리 유 : 실 모양의 고분자 물질

殲 다 죽일 섬 歹(뼈 앙상할 알) + 韱(부추 섬)

殲滅 다 죽일 섬 멸할 멸
殲撲 다 죽일 섬 칠 박 : 때려 부숨

懺 뉘우칠 참 心(마음 심) + 韱(부추 섬)

懺悔 뉘우칠 참 뉘우칠 회

讖 예언 참 言(말씀 언) + 韱(부추 섬)

讖書 = 符讖 예언 참 글 서 = 부호 부 예언 참 :
　　　　　　 앞날을 미리 예언하여 적은 책

籤 제비 첨(승부내기) 竹(대 죽) + 韱(부추 섬)

抽籤 뽑을 추 제비 첨
當籤 마땅 당 제비 첨

뿌리글자로만 의미

베틀 디딜판 섭

捷 빠를 첩(이길 첩) 手(손 수) + 疌(베틀 디딜판 섭)

敏捷 민첩할 민 빠를 첩
蹻捷 발돋움할 교 빠를 첩 : 몸이 가볍고 재빠름
捷徑 빠를 첩 지름길 경 : 빠른 길 지름길
大捷 클 대 이길 첩 : 전쟁에서 크게 이김

뿌리글자

成 이룰 성

成功 이룰 성 공 공   成績 이룰 성 길쌈할 적
成就 이룰 성 나아갈 취   贊成 도울 찬 이룰 성
達成 통달할 달 이룰 성   編成 엮을 편 이룰 성
構成 얽을 구 이룰 성

晟 밝을 성 日(해 일) + 成(이룰 성)

誠 정성 성 言(말씀 언) + 成(이룰 성)

精誠 정할 정 정성 성
誠實 정성 성 열매 실

城 재 성 土(흙 토) + 成(이룰 성)

城郭 재 성 둘레 곽
籠城 대바구니 롱 재 성

盛 성할 성 成(이룰 성) + 皿(그릇 명)

旺盛 왕성할 왕 성할 성
隆盛 높을 륭 성할 성

뿌리글자로만 의미

소리 성

聲 소리 성 殸(소리 성) + 耳(귀 이)

喊聲 소리칠 함 소리 성
聲援 소리 성 도울 원

馨 꽃다울 형 殸(소리 성) + 香(향기 향)

馨香 꽃다울 형 향기 향

磬 경쇠 경(옥이나 돌로 만든 악기) 殸(소리 성) + 石(돌 석)

風磬 바람 풍 경쇠 경 : 처마 끝에 다는 종

歲拜 해 세 절 배
歲饌 해 세 반찬 찬

해 세

濊 종족이름 예 水(물 수) + 歲(해 세)

濊貊 종족이름 예 맥국 맥 : 한족의 일반적 칭호

穢 더러울 예 禾(벼 화) + 歲(해 세)

穢語 더러울 예 말씀 어 : 욕지거리

世界 인간 세 지경 계
世襲 인간 세 엄습할 습

인간 세

貰 세낼 세 世(인간 세) + 貝(조개 패)

傳貰 전할 전 세낼 세
貰房 세낼 세 방 방 : 세를 내고 쓰는 방
朔月貰 초하루 삭 달 월 세낼 세 : 사글세

泄 샐 설 水(물 수) + 世(인간 세)

泄瀉 샐 설 쏟을 사
排泄 밀칠 배 샐 설
漏泄 샐 루 샐 설
夢泄 꿈 몽 샐 설 : 잠자다 정액을 내는 일

渫 파낼 설 水(물 수) + 枼(나뭇잎 엽)

浚渫 깊게 할 준 파낼 설 : 모래나 암석을 파냄

葉 잎 엽 艸(풀 초) + 枼(나뭇잎 엽)

落葉 떨어질 락 잎 엽

131

減少 덜 감 적을 소
些少 적을 사 적을 소
略少 간략할 략 적을 소

적을 소

沙 모래 사 水(물 수) + 少(적을 소)

沙漠 모래 사 넓을 막
黃沙 누를 황 모래 사
沙果 모래 사 실과 과

娑 사바세상 사 沙(모래 사) + 女(여자 녀)

娑婆 사바세상 사 음역자 바(할머니 파) : 속세의 인간세상, 사바세계

紗 비단 사 糸(실 사) + 少(적을 소)

絹紗 비단 견 비단 사

秒 분초 초 禾(벼 화) + 少(적을 소)

分秒 나눌 분 분초 초
秒速 분초 초 빠를 속

抄 뽑을 초 手(손 수) + 少(적을 소)

抄本 뽑을 초 근본 본 : 원본에서 발췌한 문서
抄寫 뽑을 초 베낄 사 : 필요부분만 뽑아 씀

132

炒 볶을 초 火(불 화) + 少(적을 소)

鷄炒 닭 계 볶을 초 : 닭볶음탕
鴨炒 오리 압 볶을 초

妙 묘할 묘 女(여자 녀) + 少(적을 소)

微妙 작을 미 묘할 묘
妙案 묘할 묘 책상 안
妙齡 묘할 묘 나이 령

眇 애꾸눈 묘 目(눈 목) + 少(적을 소)

眇目 애꾸눈 묘 눈 목

渺 아득할 묘 水(물 수) + 眇(애꾸눈 묘)

渺然 = 杳然 아득할 묘 그럴 연 : 아득히 멀고 넓음

召集 부를 소 모을 집
應召 응할 응 부를 소
召喚 부를 소 부를 환 : 사법기관에서 부름

부를 소

紹 이을 소 糸(실 사) + 김(부를 소)

紹介 이을 소 낄 개
紹絶 이을 소 끊을 절 : 끊어진 대를 이어줌

沼 못 소(연못) 水(물 수) + 김(부를 소)

沼澤 못 소 못 택
湖沼 호수 호 못 소 : 호수와 늪

昭 밝을 소 日(해 일) + 김(부를 소)

昭詳 밝을 소 자세할 상
昭然 밝을 소 그럴 연 : 일이나 이치에 밝음

邵 성씨 소(땅 이름 소) 김(부를 소) + 邑(고을 읍)

照 비칠 조 昭(밝을 소) + 火(불 화)

照明 비칠 조 밝을 명
照會 비칠 조 모일 회
對照 대할 대 비칠 조
參照 참여할 참 비칠 조 : 참고하여 맞대 봄

詔 조서 조 言(말씀 언) + 召(부를 소)

詔書 조서 조 글 서 : 왕의 뜻을 알리는 문서

超 뛰어넘을 초 走(달릴 주) + 召(부를 소)

超越 뛰어넘을 초 넘을 월
超能力 뛰어넘을 초 능할 능 힘 력

招 부를 초 手(손 수) + 召(부를 소)

招請 부를 초 청할 청
招聘 부를 초 부를 빙
招來 부를 초 올 래
問招 물을 문 부를 초

貂 담비 초 豸(벌레 치) + 召(부를 소)

貂尾 담비 초 꼬리 미
貂母筆 담비 초 어머니 모 붓 필 : 담비의 털로 맨 붓

疋緞 짝 필 비단 단 : 필로 된 비단

발 소(짝 필)

定 정할 정 宀(집 면) + 正(바를 정)

決定 결단할 결 정할 정

胥 서로 서 月(육달 월) + 疋(짝 필 발 소)

胥吏 서로 서 벼슬아치 리
胥失 서로 서 잃을 실 : 서로 잘못한 허물

壻 사위 서 士(선비 사) + 胥(서로 서)

佳壻 아름다울 가 사위 서
壻郞 사위 서 사내 랑 : 남의 사위를 높여 부름

蛋 새알 단 疋(짝 필 발 소) + 虫(벌레 충)

蛋白質 새알 단 흰 백 바탕 질

楚 초나라 초(회초리 초) 林(수풀 림) + 疋(짝 필 발 소)

苦楚 쓸 고 회초리 초

礎 주춧돌 초 石(돌 석) + 楚(회초리 초)

基礎 터 기 주춧돌 초

旋 돌 선 㫃(나부낄 언) + 疋(짝 필 발 소)

斡旋 돌 알 돌 선
旋風的 돌 선 바람 풍 과녁 적

約束 맺을 **약** 묶을 **속**
拘束 잡을 **구** 묶을 **속**

묶을 속

速 빠를 속 辶(쉬엄쉬엄 갈 착) + 束(묶을 속)

迅速 빠를 **신** 빠를 **속**
拙速 옹졸할 **졸** 빠를 **속**

疏 성길 소 (사이 뜨다) 疋(짝 필 발 소) + 束(묶을 속)

疏外感 성길 **소** 바깥 **외** 느낄 **감**

悚 두려울 송 心(마음 심) + 束(묶을 속)

悚懼 두려울 **송** 두려워할 **구**
罪悚 허물 **죄** 두려울 **송**
惶悚 두려울 **황** 두려울 **송**

辣 매울 랄 辛(매울 **신**) + 束(묶을 속)

辛辣 매울 **신** 매울 **랄** : 수단이 몹시 가혹함
惡辣 악할 **악**(미워할 **오**) 매울 **랄**

剌 발랄할 랄 束(묶을 속) + 刀(칼 도)

潑剌 물 뿌릴 **발** 발랄할 **랄** : 활발하게 사는 모습
跋剌 밟을 **발** 발랄할 **랄** : 물고기가 팔딱팔딱함

勅 칙서 칙(임금의 명령을 적은 문서) 束(묶을 속) + 力(힘 력)

勅書 칙서 칙 글 서 : 임금의 특정한 문서
勅命 칙서 칙 목숨 명

巽

뿌리글자로만 의미

부드러울 손

選 가릴 선(분간하다) 辶(쉬엄쉬엄 갈 착) + 巽(부드러울 손)

選擧 가릴 선 들 거
選擇 가릴 선 가릴 택
選拔 가릴 선 뽑을 발
選手 가릴 선 손 수
競選 다툴 경 가릴 선
當選 마땅 당 가릴 선
落選 떨어질 락 가릴 선

饌 반찬 찬 食(밥 식) + 巽(부드러울 손)

飯饌 밥 반 반찬 찬
歲饌 해 세 반찬 찬 : 세배 오면 대접한 음식

撰 지을 찬 手(손 수) + 巽(부드러울 손)

撰述 지을 찬 펼 술 : 학문의 책이나 글을 씀
命撰 목숨 명 지을 찬 : 임금이 찬술하게 명령

將帥 장수 장 장수 수
總帥 다 총 장수 수
統帥權者 거느릴 통 장수 수
권세 권 놈 자 : 대통령

장수 수

師 스승 사 (흙이 연결된 흙더미 모양) + (흩어져 있는 모양)

教師 가르칠 교 스승 사
師傅 스승 사 스승 부
師範 스승 사 법 범

獅 사자 사 犬(개 견 – 짐승) + 師(스승 사)

獅子 사자 사 아들 자
牝獅子 암컷 빈 사자 사 아들 자 : 사자의 암컷
獅子吼 사자 사 아들 자 울부짖을 후

① ② ③ ④ ⑤ ⑥ ⑦

秀

優秀 넉넉할 우 빼어날 수
俊秀 준걸 준 빼어날 수

빼어날 수

誘 꾈 유 言(말씀 언) + 秀(빼어날 수)

誘惑 꾈 유 미혹할 혹
誘拐 꾈 유 후릴 괴

透 사무칠 투 辶(쉬엄쉬엄 갈 착) + 秀(빼어날 수)

透視 사무칠 투 볼 시
浸透 잠길 침 사무칠 투

手帖 손 수 문서 첩
拍手 칠 박 손 수

손 수

拿 잡을 나 合(합할 합) + 手(손 수)

拿鞫 잡을 나 국문할 국

拏 붙잡을 나/라 奴(종 노) + 手(손 수)

拏捕 붙잡을 나 잡을 포

拳 주먹 권 卷(말 권 책 권 – 변형) + 手(손 수)

拳鬪 주먹 권 싸울 투

擊 칠 격 轉(구를 전 – 변형) + 手(손 수)

攻擊 칠 공 칠 격
射擊 쏠 사 칠 격

掌 손바닥 장 尙(오히려 상) + 手(손 수)

掌握 손바닥 장 쥘 악

擧 들 거 與(줄 여) + 手(손 수)

選擧 가릴 선 들 거

輕擧妄動 가벼울 경 들 거 망령될 망 움직일 동

擘 엄지손가락 벽 辟(임금 벽) + 手(손 수)

巨擘 클 거 엄지손가락 벽 : 남달리 뛰어난 사람

摯 잡을 지 執(잡을 집) + 手(손 수)

眞摯 참 진 잡을 지

攀 더위잡을 반 樊(울타리 번) + 手(손 수)

登攀 오를 등 더위잡을 반

攣 경련할 련 䜌(어지러울 련) + 手(손 수)

痙攣 경련 경 경련할 련

摩 문지를 마 麻(삼 마) + 手(손 수)

摩擦 문지를 마 문지를 찰
按摩 누를 안 문지를 마

拜 절 배 手(손 수) + 下(아래 하 - 변형)

歲拜 해 세 절 배
禮拜 예도 례 절 배

湃 물결칠 배 水(물 수) + 拜(절 배)

澎湃 물소리 팽 물결칠 배 : 맹렬한 기세로 일어남

長壽 길 장 목숨 수
壽命 목숨 수 목숨 명
萬壽無疆 일만 만 목숨 수 없을 무 지경 강

목숨 수

禱 빌 도 示(보일, 시) + 壽(목숨 수)

祈禱 빌 기 빌 도
默想祈禱 잠잠할 묵 생각 상 빌 기 빌 도

濤 물결 도 水(물 수) + 壽(목숨 수)

波濤 물결 파 물결 도
疾風怒濤 병 질 바람 풍 성낼 노 물결 도

燾 비칠 도 壽(목숨 수) + 火(불 화)

燾育 비칠 도 기를 육 : 잘 보호하여 기름

躊 머뭇거릴 주 足(발 족) + 壽(목숨 수)

躊躇 머뭇거릴 주 머뭇거릴 저

鑄 불릴 주 金(쇠 금) + 壽(목숨 수)

鑄物 불릴 주 물건 물
鑄鐵 불릴 주 쇠 철
鑄貨 불릴 주 재물 화

疇 이랑 주 田(밭 전) + 壽(목숨 수)

疇壟 이랑 주 밭두둑 롱 : 논밭의 이랑과 두둑

範疇 법 범 이랑 주 : 사물의 개념을 분류

受諾 받을 수 허락할 락

受領 받을 수 거느릴 령

受侮 받을 수 업신여길 모

受惠 받을 수 은혜 혜

받을 수

授 줄 수 手(손 수) + 受(받을 수)

授乳 줄 수 젖 유

敎授 가르칠 교 줄 수

傳授 전할 전 줄 수

垂直 드리울 수 곧을 직
懸垂幕 달 현 드리울 수 장막 막

드리울 수

睡 졸음 수 目(눈 목) + 垂(드리울 수)

睡眠 졸음 수 잘 면
午睡 낮 오 졸음 수
昏睡狀態 어두울 혼 졸음 수 형상 상 모습 태

唾 침 타 口(입 구) + 垂(드리울 수)

唾液 침 타 진 액
咳唾 기침 해 침 타 : 기침과 침/어른 말씀
唾棄 침 타 버릴 기 : 침을 뱉음/방치해둠

錘 저울추 추 金(쇠 금) + 垂(드리울 수)

時計錘 때 시 셀 계 저울추 추

郵 우편 우 垂(드리울 수) + 邑(고을 읍)

郵便 우편 우 편할 편
郵票 우편 우 표 표
郵遞局 우편 우 갈릴 체 판 국
郵便函 우편 우 편할 편 함 함

뿌리글자로만 의미

드디어 수(따를 수)

遂 드디어 수(따를 수) 辶(쉬엄쉬엄 갈 착) + 㒸(드디어 수 따를 수)

遂行 따를 수 다닐 행
完遂 완전할 완 따를 수
未遂 아닐 미 따를 수

隊 무리 대 阜(언덕 부) + 㒸(드디어 수 따를 수)

軍隊 군사 군 무리 대
部隊 떼 부 무리 대
隊長 무리 대 어른 장

墜 떨어질 추 隊(무리 대) + 土(흙 토)

墜落 떨어질 추 떨어질 락
擊墜 칠 격 떨어질 추
失墜 잃을 실 떨어질 추
顚墜 엎드러질 전 떨어질 추 : 굴러 떨어짐

墮 떨어질 타 阜(언덕 부) + 土(흙 토) + 𠂇(왼 좌) + 月(육달 월)

墮落 떨어질 타 떨어질 락

白叟=耆叟 흰 백 늙은이 수
= 늙을 기 늙은이 수 : 늙은 노인

늙은이 수

嫂 형수 수 女(여자 녀) + 叟(늙은이 수)

兄嫂 형 형 형수 수
弟嫂 아우 제 형수 수
季嫂 끝 계(계절 계) 형수 수 : 막내아우의 아내

搜 찾을 수 手(손 수) + 叟(늙은이 수)

搜査 찾을 수 조사할 사
搜索 찾을 수 찾을 색
搜所聞 찾을 수 바 소 들을 문

瘦 여월 수 疒(병들어 기댈 녁) + 叟(늙은이 수)

瘦瘠 여월 수 여월 척
瘦削 여월 수 깎을 삭 : 몹시 여윔

150

需要 쓰일 수 요긴할 요
必需 반드시 필 쓰일 수
婚需 혼인할 혼 쓰일 수

쓰일 수

懦 나약할 나 心(마음 심) + 需(쓰일 수)

懦弱 나약할 나 약할 약
怯懦 겁낼 겁 나약할 나

儒 선비 유 人(사람 인) + 需(쓰일 수)

儒教 선비 유 가르칠 교

뿌리글자로만 의미

몽둥이 수

設 베풀 설 言(말씀 언) + 殳(몽둥이 수)

建設 세울 건 베풀 설
設置 베풀 설 둘 치

段 층계 단 厂(굴바위 엄) + 三(석 삼) + 殳(몽둥이 수)

階段 섬돌 계 층계 단

股 넓적다리 고 月(육달 월) + 殳(몽둥이 수)

股關節 넓적다리 고 관계할 관 마디 절

投 던질 투 手(손 수) + 殳(몽둥이 수)

投資 던질 투 재물 자
投票 던질 투 표 표

役 부릴 역 彳(걸을 척) + 殳(몽둥이 수)

役割 부릴 역 벨 할
苦役 쓸 고 부릴 역

疫 전염병 역 疒(병들어 기댈 녁) + 殳(몽둥이 수)

免疫 면할 면 전염병 역
防疫 막을 방 전염병 역

般 가지 반(일반 반) 舟(배 주) + 殳(몽둥이 수)

萬般 일만 만 가지 반

殿 전각 전 臀(볼기 둔) + 殳(몽둥이 수)

宮殿 집 궁 전각 전

毆 때릴 구 區(구분할 구) + 殳(몽둥이 수)

毆打 때릴 구 칠 타

廏 마구간 구 广(집 엄) + 皀(고소할 급 하인 조) + 殳(몽둥이 수)

馬廏間 말 마 마구간 구 사이 간

毁 헐 훼 臼(절구 구) + 工(장인 공) + 殳(몽둥이 수)

毁損 헐 훼 덜 손
毁謗 헐 훼 헐뜯을 방

殺 죽일 살(빠를 쇄) 杀(죽일 살) + 殳(몽둥이 수)

殺害 죽일 살 해할 해
殺到 빠를 쇄 이를 도

殼 껍질 각 壳(내려칠 각) + 몽둥이 수(殳)

貝殼 조개 패 껍질 각

殷 성할 은(은나라 은) 身(몸 신 – 변형) + 殳(몽둥이 수)

殷盛 성할 은 성할 성

毅 굳셀 의 豙(성나 털 일어난 의) + 殳(몽둥이 수)

毅然 굳셀 의 그럴 연

發 필 발 癶(필 발) + 弓(활 궁) + 殳(몽둥이 수)

發表 필 발 겉 표

醫 의원 의 殹(앓는 소리 예) + 酒(술 주 – 변형)

醫師 의원 의 스승 사

鑿 뚫을 착 凿(뚫을 착 – 변형) + 殳(몽둥이 수) + 金(쇠 금)

掘鑿 팔 굴 뚫을 착

叔 叔姪 아저씨 숙 조카 질 : 아저씨와 조카
叔行 아저씨 숙 항렬 항 : 아저씨 뻘 되는 항렬

아저씨 숙

淑 맑을 숙 水(물 수) + 叔(아저씨 숙)

淑女 맑을 숙 여자 녀
貞淑 곧을 정 맑을 숙
淑景 맑을 숙 볕 경

菽 콩 숙 艸(풀 초) + 叔(아저씨 숙)

菽芽菜 콩 숙 싹 아 나물 채 : 콩나물

寂 고요할 적 宀(집 면) + 叔(아저씨 숙)

靜寂 고요할 정 고요할 적
潛寂 잠길 잠 고요할 적

督 감독할 독 叔(아저씨 숙) + 目(눈 목)

監督 볼 감 감독할 독
督勵 감독할 독 힘쓸 려

戚 친척 척(근심할 척) 戌(천간 무) + 尗(콩 숙)

親戚 친할 친 친척 척
姻戚 혼인 인 친척 척

155

哀戚 슬플 애 근심할 척 : 사람의 죽음을 슬퍼함

蹙 닥칠 축 戚(친척 척 근심할 척) + 足(발 족)

嚬蹙 찡그릴 빈 닥칠 축

宿所 잘 숙 바 소　　　露宿 이슬 로 잘 숙

宿泊 잘 숙 머무를 박　宿直 잘 숙 곧을 직

宿題 잘 숙 제목 제　　宿命 잘 숙 목숨 명

宿敵 잘 숙 대적할 적　宿願 잘 숙 원할 원

잘 숙(잠자다)

縮 줄일 축 糸(실 사) + 宿(잘 숙)

短縮 짧을 단 줄일 축

收縮 거둘 수 줄일 축

凝縮 엉길 응 줄일 축

緊縮 긴할 긴 줄일 축

濃縮 짙을 농 줄일 축

減縮 덜 감 줄일 축

壓縮 누를 압 줄일 축

萎縮 시들 위 줄일 축

孰知 누구 숙 알 지 : 누가 알겠는가?

熟 익을 숙 孰(누구 숙) + 火(불 화)

熟眠 익을 숙 잘 면
熟達 익을 숙 통달할 달
熟練 익을 숙 익힐 련
親熟 친할 친 익을 숙
半熟 반 반 익을 숙

塾 글방 숙 孰(누구 숙) + 土(흙 토)

書塾 글 서 글방 숙 : 글방
塾師 글방 숙 스승 사 : 글방의 선생
塾生 글방 숙 날 생 : 글방의 학생

엄숙할 숙

嚴肅 엄할 엄 엄숙할 숙
靜肅 고요할 정 엄숙할 숙
肅然 엄숙할 숙 그럴 연
肅淸 엄숙할 숙 맑을 청 : 죄인을 없애 맑게 함

繡 수놓을 수 糸(실 사) + 肅(엄숙할 숙)

刺繡 찌를 자 수놓을 수
繡畫 수놓을 수 그림 화

簫 퉁소 소 竹(대 죽) + 肅(엄숙할 숙)

洞簫 밝을 통(골 동) 퉁소 소 : 퉁소의 원래 말
太平簫 클 태 평평할 평 퉁소 소 : 날라리

蕭 쓸쓸할 소 艸(풀 초) + 肅(엄숙할 숙)

蕭寂 쓸쓸할 소 고요할 적 : 쓸쓸하고 호젓한 모양

淵 못 연 水(물 수) + (한 곳에 모여 있는 모습)

戟盾 창 극 방패 순 : 창과 방패
矛盾性 창 모 방패 순 성품 성

방패 순

循 돌 순 彳(걸을 척) + 盾(방패 순)

循環 돌 순 고리 환
血液循環 피 혈 진 액 돌 순 고리 환

遁 숨을 둔(달아날 둔) 辶(쉬엄쉬엄 갈 착) + 盾(방패 순)

隱遁 숨을 은 숨을 둔
駭遁 놀랄 해 달아날 둔 : 놀라서 달아남
遁走 달아날 둔 달릴 주 : 도망쳐 달아남

旬 上旬 윗 상 열흘 순   中旬 가운데 중 열흘 순
下旬 아래 하 열흘 순   三旬 석 삼 열흘 순
挾旬 낄 협 열흘 순 : 열흘 동안

열흘 순

洵 참으로 순 水(물 수) + 旬(열흘 순)

珣 옥 이름 순 玉(구슬 옥) + 旬(열흘 순)

殉 따라 죽을 순 歹(뼈 앙상할 알) + 旬(열흘 순)

殉葬 따라 죽을 순 장사지낼 장 : 죽은 사람과 함께 묻음
殉職 따라 죽을 순 직분 직 : 맡은 직무를 보다 죽음
殉教 따라 죽을 순 가르칠 교 : 종교를 위해 목숨 바침
殉愛 따라 죽을 순 사랑 애 : 사랑을 위해 몸을 바침

筍 죽순 순 竹(대 죽) + 旬(열흘 순)

竹筍 대 죽 죽순 순 : 대에서 돋는 어린 싹

荀 풀 이름 순 艹(풀 초) + 旬(열흘 순)

松荀 소나무 송 풀 이름 순 : 소나무에 돋아난 새 순

絢 무늬 현 糸(실 사) + 旬(열흘 순)

絢爛 무늬 현 빛날 란 : 눈이 부시도록 찬란함

뿌리글자로만 의미

날개 칠 순

 奮 떨칠 분 大(큰 대) + 隹(새 추) + 田(밭 전)

興奮 일 흥 떨칠 분
激奮 격할 격 떨칠 분
奮發 떨칠 분 필 발
奮怒 떨칠 분 성낼 노
奮戰 떨칠 분 싸움 전
孤軍奮鬪 외로울 고 군사 군 떨칠 분 싸울 투

奪 빼앗을 탈 大(큰 대) + 隹(새 추) + 寸(마디 촌)

剝奪 벗길 박 빼앗을 탈
掠奪 노략질할 략 빼앗을 탈
侵奪 침노할 침 빼앗을 탈
奪還 빼앗을 탈 돌아올 환
換骨奪胎 바꿀 환 뼈 골 빼앗을 탈 아이 밸 태

威嚴 위엄 위 엄할 엄　威勢 위엄 위 형세 세
威脅 위엄 위 위협할 협　威壓 위엄 위 누를 압
權威 권세 권 위엄 위
示威隊 보일 시 위엄 위 무리 대

개 술(지지 술)

威 위엄 위 戌(도끼 월 – 변형) + 女(여자 녀)

咸 다 함 戌(개 술 지지 술) + 口(입 구)

咸興差使 다 함 일 흥 다를 차 하여금 사

滅 멸할 멸(꺼질 멸) 水(물 수) + 威(위엄 위 – 변형) + 火(불 화)

滅種 멸할 멸 씨 종
消滅 사라질 소 멸할 멸
湮滅 묻힐 인 멸할 멸
潰滅 무너질 궤 멸할 멸
撲滅 칠 박 멸할 멸

蔑 업신여길 멸 夢(꿈 몽 – 변형) + 戌(개 술)

蔑視 업신여길 멸 볼 시
凌蔑 업신여길 릉 업신여길 멸
侮蔑 업신여길 모 업신여길 멸
輕蔑 가벼울 경 업신여길 멸

襪 버선 말 衣(옷 의) + 蔑(업신여길 멸)

洋襪 큰 바다 양 버선 말

戍 수자리 수(변방을 지키는 일) 人(사람 인 – 변형) + 戈(창 과)

衛戍 지킬 위 수자리 수

搭乘 탈 탑 탈 승
便乘 편할 편 탈 승
乘降場 탈 승 내릴 강(항) 마당 장

탈 승

剩 남을 잉 乘(탈 승) + 刀(칼 도)

過剩 지날 과 남을 잉
剩餘金 남을 잉 남을 여 쇠 금

乖 어그러질 괴 千(일천 천) + 北(북녘 북 달아날 배)

乖愎 어그러질 괴 강퍅할 퍅
乖離 어그러질 괴 떠날 리
乖僻 어그러질 괴 궁벽할 벽

뿌리글자로만 의미

이을 승

承 이을 승 手(손 수) + 丞(정승 승)

繼承 이을 계 이을 승
承認 이을 승 알 인
承諾 이을 승 허락 낙(락)

丞 정승 승 承(이을 승) + 一(한 일)

政丞 정사 정 정승 승
左政丞 왼 좌 정사 정 정승 승 : 좌의정

蒸 찔 증 艸(풀 초) + 烝(김 오를 증)

蒸發 찔 증 필 발
燻蒸 연기 낄 훈 찔 증
水蒸氣 물 수 찔 증 기운 기
蒸溜水 찔 증 낙숫물 류 물 수
汗蒸湯 땀 한 찔 증 끓일 탕

流矢 흐를 류 화살 시 : 빗나간 화살

화살 시

知 알 지 矢(화살 시) + 口(입 구)

知能 알 지 능할 능
知識 알 지 알 식

智 슬기 지 知(알 지) + 日(해 일)

智慧 슬기 지 슬기로울 혜
叡智 밝을 예 슬기 지

短 짧을 단 矢(화살 시) + 豆(콩 두)

短縮 짧을 단 줄일 축
短點 짧을 단 점 점

矯 바로잡을 교 矢(화살 시) + 喬(높을 교)

矯正 바로잡을 교 바를 정

矮 난쟁이 왜 矢(화살 시) + 委(맡길 위)

矮小 난쟁이 왜 작을 소

雉 꿩 치 矢(화살 시) + 隹(새 추)

雉兔 꿩 치 토끼 토

矩 모날 구(법도 구) 矢(화살 시) + 巨(클 거)

規矩 법 규 법도 구 : 거리를 재는 도구

疾 병 질 疒(병들어 기댈 녁) + 矢(화살 시)

疾患 병 질 근심 환
痼疾 고질 고 병 질
疾走 병 질 달릴 주

嫉 미워할 질 女(여자 녀) + 疾(병 질)

嫉妬 미워할 질 샘낼 투

矣 어조사 의 厶(사사 사) + 矢(화살 시)

汝矣島 너 여 어조사 의 섬 도 : 서울 여의도

埃 티끌 애 土(흙 토) + 矣(어조사 의)

塵埃 = 汚埃 티끌 진 티끌 애 = 더러울 오 티끌 애 : 먼지와 티끌

侯 제후 후 人(사람 인) + 厂(굴바위 엄 - 변형) + 矢(화살 시)

諸侯 모두 제 제후 후

都市 도읍 도 저자 시
市廳 저자 시 관청 청

저자 시

柿 감나무 시 木(나무 목) + 市(저자 시)

乾柿 마늘 건 감나무 시 : 곶감
澁柿 떫을 삽 감나무 시 : 맛이 떫은 날감

肺 허파 폐 月(육달 월) + 市(저자 시)

肺癌 허파 폐 암 암
肺活量 허파 폐 살 활 헤아릴 량

沛 비 쏟아질 패 水(물 수) + 市(저자 시)

沛然 비 쏟아질 패 그럴 연 : 비가 매우 세차게 내림

佩 찰 패 人(사람 인) + 凡(무릇 범) + 巾(수건 건)

佩物 찰 패 물건 물

姉 윗누이 자 女(여자 녀) + 市(저자 시)

兄弟姉妹 형 형 아우 제 윗누이 자 누이 매

돼지 시

豕牢 돼지 시 우리 뢰 : 돼지우리, 뒷간

豚 돼지 돈 月(육달 월) + 豕(돼지 시)

養豚 기를 양 돼지 돈

去勢豚 갈 거 형세 세 돼지 돈

豬 돼지 저 豕(돼지 시) + 者(놈 자)

豬肉 돼지 저 고기 육

逐 쫓을 축 辶(쉬엄쉬엄 갈 착) + 豕(돼지 시)

逐出 쫓을 축 날 출

驅逐艦 몰 구 쫓을 축 큰 배 함 : 해군 함선

蒙 어두울 몽 艸(풀 초) + 冖(덮을 멱) + 一(한 일) + 豕(돼지 시)

啓蒙 열 계 어두울 몽

家 집 가 宀(집 면) + 豕(돼지 시)

家族 집 가 겨레 족

或是 혹 혹 이 시
亦是 또 역 이 시
是非 옳을 시 아닐 비

이 시(옳을 시)

匙 숟가락 시 是(이 시 옳을 시 맞을 시) + 匕(비수 비)

匙箸 숟가락 시 젓가락 저 : 수저(숟가락과 젓가락)
揷匙 꽂을 삽 숟가락 시 : 제사 때 수저꽂기 의식

題 제목 제 是(옳을 시) + 頁(머리 혈)

題目 제목 제 눈 목
課題 공부할 과 제목 제
話題 말씀 화 제목 제

堤 둑 제 土(흙 토) + 是(이 시 옳을 시)

防潮堤 막을 방 조수 조 둑 제 : 조수 방지 둑
防波堤 막을 방 물결 파 둑 제 : 파도 방지 둑

提 끌 제(이끌다) 手(손 수) + 是(이 시 옳을 시)

提案 끌 제 책상 안
提議 끌 제 의논할 의
提携 끌 제 이끌 휴

湜 물 맑을 식 水(물 수) + 是(이 시 옳을 시)

揭示 높이 들 게 보일 시

보일 시

視 볼 시 示(보일 시) + 見(볼 견)

視覺 볼 시 깨달을 각
錯視 어긋날 착 볼 시

神 귀신 신 示(보일 시) + 申(거듭 신)

鬼神 귀신 귀 귀신 신

祀 제사 사 示(보일 시) + 巳(뱀 사 지지 사)

祭祀 제사 제 제사 사

社 모일 사 示(보일 시) + 土(흙 토)

會社 모일 회 모일 사

禮 예도 례 示(보일 시) + 豊(풍성할 풍)

禮度 예도 례 법도 도

祥 상서 상 示(보일 시) + 羊(양 양)

祥瑞 상서 상 상서 서

祈 빌 기 示(보일 시) + 斤(도끼 근)

禱 빌 도 示(보일 시) + 壽(목숨 수)

福 복 복 示(보일 시) + 畐(가득할 복)

祉 복 지 示(보일 시) + 止(그칠 지)

祚 복 조 示(보일 시) + 乍(잠깐 사)

祐 복 우 示(보일 시) + 右(오른쪽 우)

祜 복 호 示(보일 시) + 古(옛 고)

禧 복 희 示(보일 시) + 喜(기쁠 희)

奈 어찌 내/나 大(큰 대) + 示(보일 시)

莫無可奈 없을 막 없을 무 옳을 가 어찌 내
奈落 어찌 나 떨어질 락

捺 누를 날 手(손 수) + 奈(어찌 내/나)

捺印 누를 날 도장 인

뿌리글자로만 의미

찰흙 시

識 알 식(적을 지) 言(말씀 언) + 戠(찰흙 시)

常識 항상 상 알 식

認識 알 인 알 식

鑑識 거울 감 알 식

意識 뜻 의 알 식

良識 어질 량 알 식

標識板 표할 표 적을 지 널빤지 판

職 직분 직 耳(귀 이) + 戠(찰흙 시)

職業 직분 직 업 업

職務 직분 직 힘쓸 무

就職 나아갈 취 직분 직

辭職 말씀 사 직분 직

織 짤 직 糸(실 사) + 戠(찰흙 시)

織物 짤 직 물건 물

紡織 길쌈 방 짤 직

組織 짤 조 짤 직

幟 기 치(깃발) 巾(수건 건) + 戠(찰흙 시)

旗幟 기 기 기 치 : 옛날 군중에서 쓴 깃발

熾 성할 치 火(불 화) + 戠(찰흙 시)

熾烈 성할 치 매울 열(렬) : 세력이 아주 맹렬함
熾憤 성할 치 분할 분 : 몹시 격분하여 화냄

飮食 마실 음 먹을 식
飽食 배부를 포 밥 식

밥 식(먹을 식)

飾 꾸밀 식 食(밥 식) + 人(사람 인) + 巾(수건 건)

装飾 꾸밀 장 꾸밀 식
假飾 거짓 가 꾸밀 식

蝕 좀먹을 식 食(밥 식) + 虫(벌레 충)

腐蝕 썩을 부 좀먹을 식
日蝕 날 일 좀먹을 식

飢 주릴 기 食(밥 식) + 几(안석 궤)

飢餓 주릴 기 주릴 아
飢饉 주릴 기 주릴 근

飯 밥 반 食(밥 식) + 反(돌이킬 반)

飯饌 밥 반 반찬 찬

餐 밥 찬 粲(쌀 찬 – 변형) + 食(밥 식)

朝餐 아침 조 밥 찬

饗 잔치할 향 鄕(시골 향 고향 향) + 食(밥 식 먹을 식)

饗宴 잔치할 향 잔치 연

形式 모양 형 법 식
儀式 거동 의 법 식
株式 그루 주 법 식

법 식

拭 씻을 식 手(손 수) + 式(법 식)

拂拭 떨칠 불 씻을 식 : 말끔히 치워 없앰

軾 수레 앞턱 가로 댄 나무 식 車(수레 거/차) + 式(법 식)

試 시험 시 言(말씀 언) + 式(법 식)

試驗 시험 시 시험 험
試圖 시험 시 그림 도
考試 생각할 고 시험 시
應試 응할 응 시험 시

弑 윗사람 죽일 시 殺(죽을 살 – 변형) + 式(법 식)

弑害 윗사람 죽일 시 해할 해 : 부모나 임금을 죽이는 일

息
쉴 식

休息 쉴 휴 쉴 식　　　歎息 탄식할 탄 쉴 식
喘息 숨찰 천 쉴 식　　　消息 사라질 소 쉴 식
棲息 깃들일 서 쉴 식

熄 불 꺼질 식 火(불 화) + 息(쉴 식)

　終熄 마칠 종 불 꺼질 식 : 왕성했던 것이 그침

憩 쉴 게 舌(혀 설) + 自(스스로 자) + 心(마음 심)

　休憩所 쉴 휴 쉴 게 바 소
　憩泊 쉴 게 머무를 박 : 쉬기 위해 머무름

申告 거듭 신 고할 고
申請書 거듭 신 청할 청 글 서

거듭 신(지지 신)

伸 펼 신 人(사람 인) + 申(거듭 신)

伸張 펼 신 베풀 장 : 물체를 늘이어 넓게 폄
伸縮 펼 신 줄일 축 : 늘어나고 줄어듦

神 귀신 신 示(보일 시) + 申(거듭 신)

鬼神 귀신 귀 귀신 신
精神 정할 정 귀신 신
神話 귀신 신 말씀 화
神靈 귀신 신 신령 령
神祕 귀신 신 숨길 비

紳 큰 띠 신 糸(실 사) + 申(거듭 신)

紳士 큰 띠 신 선비 사 : 예의바른 남자

呻 읊조릴 신 口(입 구) + 申(거듭 신)

呻吟 읊조릴 신 읊을 음

坤 땅 곤 土(흙 토) + 申(거듭 신)

乾坤 하늘 건 땅 곤

坤命 땅 곤 목숨 명 : 역학에서 여자를 이름

暢 화창할 창 申(거듭 신) + 昜(볕 양)

和暢 화할 화 화창할 창

뿌리글자로만 의미

빨리 날 신

迅 빠를 신 辶(쉬엄쉬엄 갈 착) + 卂(빨리 날 신)

迅速 빠를 신 빠를 속
迅傳 빠를 신 전할 전

訊 물을 신 言(말씀 언) + 卂(빨리 날 신)

訊問 물을 신 물을 문 : 따지며 캐어물음
鞫訊 국문할 국 물을 신 : 국청에서 중죄인을 신문

艱辛 어려울 간 매울 신 : 힘들고 고생스러움

매울 신

辣 매울 랄 辛(매울 신) + 束(묶을 속)

辛辣 매울 신 매울 랄

辨 분별할 변 辡(따질 변) + 刀(칼 도)

辨明 분별할 변 밝을 명
辨償 분별할 변 갚을 상
辨濟 분별할 변 건널 제

辯 말씀 변 辡(따질 변) + 言(말씀 언)

雄辯 수컷 웅 말씀 변
答辯 대답 답 말씀 변
詭辯 속일 궤 말씀 변
抗辯 겨룰 항 말씀 변
代辯 대신할 대 말씀 변
辯論 말씀 변 논할 론
辯護士 말씀 변 도울 호 선비 사

辦 힘들일 판 辡(따질 변) + 力(힘 력)

辦公費 힘들일 판 공평할 공 쓸 비

183

辭 말씀 사 (뒤섞인 것을 다스리는 모양) + 辛(매울 신)

讚辭 기릴 찬 말씀 사
固辭 굳을 고 사양할 사
辭任 사양할 사 맡길 임
辭表 사양할 사 겉 표

薛 성씨 설(맑은 대쑥 설) 艹(풀 초) + 阜(언덕 부 – 변형) + 辛(매울 신)

宰 재상 재 宀(집 면) + 辛(매울 신)

宰相 재상 재 서로 상 : 임금을 돕는 벼슬아치
主宰 주인 주 재상 재 : 주관하여 맡음

滓 찌꺼기 재 水(물 수) + 宰(재상 재)

殘滓 남을 잔 찌꺼기 재
醬滓 장 장 찌꺼기 재 : 간장 없는 된장 자체

失敗 잃을 실 패할 패
失望 잃을 실 바랄 망
失踪 잃을 실 자취 종
失墜 잃을 실 떨어질 추

잃을 실

秩 차례 질 禾(벼 화) + 失(잃을 실)

秩序 차례 질 차례 서

迭 번갈아들 질 辶(쉬엄쉬엄 갈 착) + 失(잃을 실)

更迭 고칠 경 번갈아들 질

帙 책권 차례 질 巾(수건 건) + 失(잃을 실)

書帙 책 서 책 권 차례 질 : 서적

跌 거꾸러질 질 足(발 족) + 失(잃을 실)

蹉跌 미끄러질 차 거꾸러질 질

佚 편안할 일(방탕할 질) 人(사람 인) + 失(잃을 실)

佚蕩 방탕할 질 방탕할 탕
佚遊 편안할 일 놀 유 : 마음 편히 즐겁게 놂

極甚 극진할 극 심할 심
甚難 심할 심 어려울 난
甚深 심할 심 깊을 심 : 마음이 매우 간절함
甚至於 심할 심 이를 지 어조사 어

심할 심

斟 짐작할 짐 甚(심할 심) + 斗(말 두)

斟酌 짐작할 짐 술 부을 작

勘 헤아릴 감 甚(심할 심) + 力(힘 력)

勘案 헤아릴 감 책상 안 : 참고하여 생각함
勘斷 헤아릴 감 끊을 단 : 죄를 심리하여 처단함

堪 견딜 감 土(흙 토) + 甚(심할 심)

堪當 견딜 감 마땅 당
堪耐 견딜 감 견딜 내
難堪 어려울 난 견딜 감

186

自我 스스로 자 나 아
我執 나 아 잡을 집

나 아

餓 주릴 아 食(밥 식) + 我(나 아)

飢餓 주릴 기 주릴 아
餓死 주릴 아 죽을 사
餓倒 주릴 아 넘어질 도
餓狼 주릴 아 이리 랑 : 위험 재난을 뜻함

俄 아까 아 人(사람 인) + 我(나 아)

俄頃 아까 아 잠깐 경 : 아까 조금 있다가
俄然 아까 아 그럴 연 : 급작스레

義 옳을 의 羊(양 양 – 변형) + 我(나 아)

義理 옳을 의 다스릴 리
義務 옳을 의 힘쓸 무
義捐 옳을 의 버릴 연

齒牙 이 치 어금니 아
象牙 코끼리 상 어금니 아

어금니 아

雅 맑을 아 牙(어금니 아) + 隹(새 추)

雅量 맑을 아 헤아릴 량
優雅 뛰어날 우 맑을 아 : 아름다운 품위
雅號 맑을 아 이름 호 : 본명 외에 지니는 별호

訝 의심할 아 言(말씀 언) + 牙(어금니 아)

疑訝 의심할 의 의심할 아
訝惑 의심할 아 미혹할 혹 : 괴이하고 의심스러움

芽 싹 아 艸(풀 초) + 牙(어금니 아)

發芽 필 발 싹 아 : 싹트기
萌芽 움 맹 싹 아 : 식물에 새로 트는 싹

邪 간사할 사 牙(어금니 아) + 邑(고을 읍)

奸邪 간사할 간 간사할 사
邪惡 간사할 사 악할 악

穿 뚫을 천 穴(구멍 혈) + 牙(어금니 아)

穿孔 = 穿鑿 뚫을 천 구멍 공 = 뚫을 천 뚫을 착

188

撑 버틸 탱 手(손 수) + 掌(버틸 탱)

支撑 지탱할 지 버틸 탱

亞流 버금 아 흐를 류 : 어떤 학설의 뒤를 따름
亞熱帶 버금 아 더울 열 띠 대 :
　　　　열대와 온대 사이

버금 아

啞 벙어리 아 口(입 구) + 亞(버금 아)

聾啞 귀먹을 롱 벙어리 아
啞然失色 벙어리 아 그럴 연 잃을 실 빛 색

惡 악할 악(미워할 오) 亞(버금 아) + 心(마음 심)

善惡 착할 선 악할 악
惡黨 악할 악 무리 당
憎惡 미울 증 미워할 오
嫌惡 싫어할 혐 미워할 오

堊 흰 흙 악 亞(버금 아) + 土(흙 토)

素堊 흴 소 흰 흙 악
白堊館 흰 백 흰 흙 악 집 관 : 미국 대통령의 관저

重要 무거울 중 요긴할 요

需要 쓰일 수 요긴할 요　　要緊 요긴할 요 긴할 긴

要點 요긴할 요 점 점　　要請 요긴할 요 청할 청

요긴할 요

腰 허리 요 月(육달 월) + 要(요긴할 요)

腰痛 허리 요 아플 통

腰帶 허리 요 띠 대

뿌리글자로만 의미

시끄럽게 다툴 악

愕 놀랄 악 心(마음 심) + 咢(시끄럽게 다툴 악)

驚愕 = 駭愕 놀랄 경 놀랄 악 = 놀랄 해 놀랄 악 : 크게 놀람

顎 턱 악 咢(시끄럽게 다툴 악) + 頁(머리 혈)

上顎 윗 상 턱 악

下顎 아래 하 턱 악

兩顎 두 량 턱 악

便安 편할 편 편안 안   安寧 편안 안 편안할 녕
安逸 편안 안 편안할 일   安靜 편안 안 고요할 정
安否 편안 안 아닐 부

편안 안

鞍 안장 안 革(가죽 혁) + 安(편안 안)

孤鞍 외로울 고 안장 안 : 홀로 타고 가는 말

按 누를 안 手(손 수) + 安(편안 안)

按摩 누를 안 문지를 마
按舞 누를 안 춤 출 무
按酒 누를 안 술 주
按排 누를 안 밀칠 배 : 알맞게 잘 배치함

晏 늦을 안 日(해 일) + 安(편안 안)

晏眠 늦을 안 잘 면 : 아침 늦게까지 잠

案 책상 안 安(편안 안) + 木(나무 목)

懸案 달 현 책상 안
提案 끌 제 책상 안
對案 대할 대 책상 안
勘案 헤아릴 감 책상 안

宴 잔치 연 安(편안 안) + 日(날 일)

宴會 잔치 연 모일 회
披露宴 헤칠 피 이슬 로 잔치 연

鴈 기러기 홍 기러기 안 : 크고 작은 기러기

기러기 안

鷹 매 응 雁(기러기 안) + 鳥(새 조)

鷹視 매 응 볼 시 : 매처럼 부릅뜨고 봄

膺 가슴 응 雁(기러기 안) + 月(육달 월)

膺懲 가슴 응 징계할 징
膺受 가슴 응 받을 수

應 응할 응 雁(기러기 안) + 心(마음 심)

反應 돌이킬 반 응할 응
適應 맞을 적 응할 응
呼應 부를 호 응할 응
副應 버금 부 응할 응
響應 울릴 향 응할 응
應援 응할 응 도울 원
對應策 대할 대 응할 응 꾀 책

뿌리글자로만 의미

나 앙

仰 우러를 앙 人(사람 인) + 卬(나 앙)

信仰 믿을 신 우러를 앙
推仰 밀 추 우러를 앙
仰眄 우러를 앙 곁눈질할 면 : 우러러 쳐다봄
仰騰 우러를 앙 오를 등 : 물가 따위가 오름

昂 밝을 앙 日(해 일) + 卬(나 앙)

迎 맞을 영(맞이하다) 辶(쉬엄쉬엄 갈 착) + 卬(나 앙)

歡迎 기쁠 환 맞을 영
迎接 맞을 영 이을 접

抑 누를 억 手(손 수) + 卬(나 앙)

抑制 누를 억 절제할 제
抑鬱 누를 억 답답할 울

印 도장 인 手(손 수 − 변형) + 卩(병부 절)

印刷 도장 인 인쇄할 쇄
烙印 지질 락 도장 인

中央 가운데 중 가운데 앙
震央 우레 진 가운데 앙 : 지진의 근원지

가운데 앙

殃 재앙 앙 歹(뼈 앙상할 알) + 央(가운데 앙)

災殃 재앙 재 재앙 앙

秧 모 앙 禾(벼 화) + 央(가운데 앙)

移秧 옮길 이 모 앙 : 모내기

怏 원망할 앙 心(마음 심) + 央(가운데 앙)

怏心 원망할 앙 마음 심
怏宿 원망할 앙 잘 숙

鴦 원앙 앙 央(가운데 앙) + 鳥(새 조)

鴛鴦 원앙 원 원앙 앙

映 비칠 영 日(해 일) + 央(가운데 앙)

映畫 비칠 영 그림 화
映像 비칠 영 모양 상
放映 놓을 방 비칠 영

197

英 꽃부리 영(뛰어날 영) 艹(풀 초) + 央(가운데 앙)

英才 뛰어날 영 재주 재
英雄 뛰어날 영 수컷 웅
英敏 뛰어날 영 민첩할 민
英特 뛰어날 영 특별할 특
英語 꽃부리 영 말씀 어
英國 꽃부리 영 나라 국

暎 비칠 영 日(해 일) + 英(꽃부리 영)

瑛 옥빛 영 玉(구슬 옥) + 英(꽃부리 영)

愛 사랑 애

愛情 사랑 애 뜻 정 　　愛憎 사랑 애 미울 증

博愛 넓을 박 사랑 애 　　割愛 벨 할 사랑 애

愛玩動物 사랑 애 희롱할 완 움직일 동 물건 물

曖 희미할 애 日(해 일) + 愛(사랑 애)

曖昧 희미할 애 어두울 매

厄運 액 액 옮길 운
厄禍 액 액 재앙 화 : 액으로 당하는 재앙

재앙 액(액 액)

扼 잡을 액 手(손 수) + 厄(액 액)

扼腕 잡을 액 팔뚝 완 : 성나고 분해 주먹을 쥠
扼喉 잡을 액 목구멍 후 : 목을 누름

危 위태할 위 人(사람 인 - 변형) + 厂(굴바위 엄) + 卩(무릎 꿇은 병부 절)

危殆 위태할 위 위태할 태
危機 위태할 위 틀 기
危險 위태할 위 험할 험
危篤 위태할 위 도타울 독

脆 연할 취(약하다) 月(육달 월) + 危(위태할 위)

脆弱 연할 취 약할 약
脆怯 연할 취 겁낼 겁 : 약해서 쓰일 데가 없음

詭 속일 궤 言(말씀 언) + 危(위태할 위)

詭辯 속일 궤 말씀 변 : 도리에 맞지 않는 변론
詭譎 속일 궤 속일 휼 : 교묘하게 속임

夜

深夜 깊을 심 밤 야
徹夜 통할 철 밤 야

밤 야

液 진 액 水(물 수) + 夜(밤 야)

液體 진 액 몸 체
唾液 침 타 진 액

腋 겨드랑이 액 月(육달 월) + 夜(밤 야)

腋臭 겨드랑이 액 냄새 취 : 암내

及其也 미칠 급 그 기 어조사 야 : 마침내

어조사 야

地 땅 지 土(흙 토) + 也(어조사 야)

地域 땅 지 지경 역
地球 땅 지 공 구
地境 땅 지 지경 경
敷地 펼 부 땅 지
番地 차례 번 땅 지

池 못 지 水(물 수) + 也(어조사 야)

貯水池 쌓을 저 물 수 못 지
乾電池 마를 건(하늘 건) 번개 전 못 지

他 다를 타 人(사람 인) + 也(어조사 야)

他鄕 다를 타 시골 향
他殺 다를 타 죽일 살
排他 밀칠 배 다를 타

弛 늦출 이 弓(활 궁) + 也(어조사 야)

弛緩 늦출 이 느릴 완
解弛 풀 해 늦출 이 : 마음이 느슨해짐

馳 달릴 치 馬(말 마) + 也(어조사 야)

背馳 등 배 달릴 치 : 반대로 되어 어긋남
馳騁 달릴 치 달릴 빙 : 이곳저곳 바삐 다님

施 베풀 시 㫃(나부낄 언) + 也(어조사 야)

實施 열매 실 베풀 시
施行 베풀 시 다닐 행
施設 베풀 시 베풀 설
施術 베풀 시 재주 술
施策 베풀 시 꾀 책

뿌리글자로만 의미

어조사 야

俉 가야 야 人(사람 인) + 耶(어조사 야)

伽倻琴 절 가 가야 야 거문고 금 : 가야의 우륵이 만든 현악기

揶 야유할 야 手(손 수) + 耶(어조사 야)

揶揄 야유할 야 야유할 유

爺 아버지 야 父(아버지 부) + 耶(어조사 야)

老爺 늙을 로 아버지 야

襄禮 도울 양 예도 례 : 장례의 다른 말

도울 양

讓 사양할 양 言(말씀 언) + 襄(도울 양)

辭讓 말씀 사 사양할 양
分讓 나눌 분 사양할 양
謙讓 겸손할 겸 사양할 양
讓步 사양할 양 걸음 보
讓渡 사양할 양 건널 도

孃 아가씨 양 女(여자 녀) + 襄(도울 양)

老孃 늙을 로 아가씨 양 : 혼기가 지난 노처녀

壤 흙덩이 양 土(흙 토) + 襄(도울 양)

土壤 흙 토 흙덩이 양

釀 술 빚을 양 酒(술 주 – 변형) + 襄(도울 양)

釀造場 술 빚을 양 지을 조 마당 장 : 술이나 간장 따위를 담그는 공장

攘 물리칠 양 手(손 수) + 襄(도울 양)

攘除 = 攘斥 물리칠 양 덜 제 = 물리칠 양 물리칠 척 : 승리함

주머니 낭 口(입 구) + 襄(도울 양)

背囊 등 배 주머니 낭
囊乏 주머니 낭 모자랄 핍
囊中之錐 주머니 낭 가운데 중 갈 지 송곳 추

뿌리글자로만 의미

볕 양

陽 볕 양 阜(언덕 부) + 昜(볕 양)

陰陽 그늘 음 볕 양
夕陽 저녁 석 볕 양
陽曆 볕 양 책력 력

楊 버들 양 木(나무 목) + 昜(볕 양)

垂楊 드리울 수 버들 양
楊貴妃 버들 양 귀할 귀 왕비 비

揚 날릴 양 手(손 수) + 昜(볕 양)

讚揚 기릴 찬 날릴 양
揭揚 높이 들 게 날릴 양
止揚 그칠 지 날릴 양 : 더 높아지려고 그만함
抑揚 누를 억 날릴 양 : 음조의 높낮이와 강약
浮揚策 뜰 부 날릴 양 꾀 책

暘 해돋이 양 日(해 일) + 昜(볕 양)

暘谷 해돋이 양 골 곡 : 해가 처음 돋는 동쪽
暘烏 해돋이 양 까마귀 오 : 태양을 달리 이르는 말

瘍 혈 양 疒(병들어 기댈 녁) + 昜(볕 양)

腫瘍 종기 종 혈 양
胃潰瘍 위장 위 무너질 궤 혈 양

場 마당 장 土(흙 토) + 昜(볕 양)

市場 저자 시 마당 장
現場 나타날 현 마당 장
職場 직분 직 마당 장
劇場 심할 극 마당 장
廣場 넓을 광 마당 장
當場 마땅 당 마당 장
練兵場 익힐 련 병사 병 마당 장

腸 창자 장 月(육달 월) + 昜(볕 양)

大腸 클 대 창자 장
盲腸 소경 맹 창자 장

湯 끓일 탕 水(물 수) + 昜(볕 양)

湯藥 끓일 탕 약 약
冷湯 찰 랭 끓일 탕
溫湯 따뜻할 온 끓일 탕
熱湯 더울 열 끓일 탕
雜湯 섞일 잡 끓일 탕

蕩 방탕할 탕 艹(풀 초) + 湯(끓일 탕)

放蕩 놓을 방 방탕할 탕

淫蕩 음란할 음 방탕할 탕
掃蕩 쓸 소 방탕할 탕
蕩減 방탕할 탕 덜 감
蕩盡 방탕할 탕 다할 진

暢 화창할 창 申(거듭 신) + 昜(볕 양)

和暢 화할 화 화창할 창 : 날씨가 온화하고 맑음

傷 다칠 상 人(사람 인) + 昜(볕 양)

傷處 다칠 상 곳 처
傷害 다칠 상 해할 해
負傷 질 부 다칠 상
損傷 덜 손 다칠 상
殺傷 죽일 살 다칠 상
凍傷 얼 동 다칠 상
食傷 먹을 식 다칠 상
感傷 느낄 감 다칠 상

觴 잔 상 角(뿔 각) + 傷(다칠 상 – 변형)

觴詠 잔 상 읊을 영 : 술 마시며 시를 읊음
壺觴 병 호 잔 상 : 술이 있는 술병과 잔

山羊 뫼 산 양 양
羊毛 양 양 터럭 모

양 양

洋 큰 바다 양 水(물 수) + 羊(양 양)

海洋 바다 해 큰 바다 양
東洋 동녘 동 큰 바다 양
洋襪 큰 바다 양 버선 말
太平洋 클 태 평평할 평 큰 바다 양

恙 병 양 羊(양 양) + 心(마음 심)

疹恙 마마 진 병 양 : 피부에 생기는 병
微恙 작을 미 병 양 : 대단하지 않은 병

樣 모양 양 木(나무 목) + 羊(양 양) + 永(길 영)

模樣 본뜰 모 모양 양
各樣各色 각각 각 모양 양 각각 각 빛 색

養 기를 양 羊(양 양 – 변형) + 食(밥 식)

養成 기를 양 이룰 성
養育 기를 양 기를 육
涵養 젖을 함 기를 양
療養 병 고칠 료 기를 양

義 옳을 의 羊(양 양 - 변형) + 我(나 아)

正義 바를 정 옳을 의

犠 희생 희 牛(소 우) + 羲(복희씨 희)

犠牲 희생 희 희생 생

詳 자세할 상 言(말씀 언) + 羊(양 양)

昭詳 밝을 소 자세할 상
詳細 자세할 상 가늘 세
詳述 자세할 상 펼 술 : 자세하게 진술함

祥 상서 상 示(보일 시) + 羊(양 양)

祥瑞 상서 상 상서 서
不祥事 아닐 불 상서 상 일 사 : 나쁜 일

庠 학교 상 广(집 엄) + 羊(양 양)

庠序 학교 상 차례 서 : 학교의 다른 이름

翔 날 상 羊(양 양) + 羽(깃 우)

飛翔 날 비 날 상 : 공중을 날아다님

鮮 고울 선(생선 선) 魚(물고기 어) + 羊(양 양)

新鮮 새 신 고울 선
生鮮 날 생 생선 선

羨 부러워할 선 羊(양 양 – 변형) + 次(침 연)

羨望 부러워할 선 바랄 망 : 많이 부러워함

羹 국 갱 羔(새끼 양 고) + 美(아름다울 미)

羹湯 국 갱 끓일 탕

窯 기와 가마 요 穴(구멍 혈) + 羔(새끼 양 고)

陶窯 질그릇 도 기와가마 요 : 도기를 굽는 가마

姜 성씨 강 羊(양 양 – 변형) + 女(여자 녀)

魚類 물고기 어 무리 류
鰍魚湯 미꾸라지 추 물고기 어 끓일 탕

물고기 어

漁 고기 잡을 어 水(물 수) + 魚(물고기 어)

漁夫 고기잡을 어 지아비 부
漁船 고기잡을 어 배 선

鰥 홀아버지 환 魚(물고기 어) + 罒(그물 망) + 水(물 수 – 변형)

鰥夫 홀아버지 환 지아비 부

鯨 고래 경 魚(물고기 어) + 京(서울 경)

捕鯨船 잡을 포 고래 경 배 선

鰻 뱀장어 만 魚(물고기 어) + 曼(길게 끌 만)

鰻鯉 뱀장어 만 잉어 리

魯 노나라 로(노둔할 로) 魚(물고기 어) + 日(가로 왈)

魯鈍 노둔할 로 둔할 둔

蘇 되살아날 소 艹(풀 초) + 魚(물고기 어) + 禾(벼 화)

蘇生 되살아날 소 날 생

於此彼 어조사 어 이 차 저 피
於中間 어조사 어 가운데 중 사이 간
於焉間 어조사 어 어찌 언 사이 간 : 어느덧

어조사 어

 어혈질 어 疒(병들어 기댈 녁) + 於(어조사 어)

瘀血 어혈질 어 피 혈

 가로막을 알 門(문 문) + 於(어조사 어)

閼伽水 가로막을 알 절 가 물 수 : 부처나 보살에게 공양하는 물

放

뿌리글자로만 의미

나부낄 언

旗 기 기 放(나부낄 언) + 其(그 기)

太極旗 클 태 극진할 극 기 기

旌 기 정 放(나부낄 언) + 生(살 생)

旌閭 기 정 마을 려

族 겨레 족 放(나부낄 언) + 矢(화살 시)

種族 씨 종 겨레 족
遺族 남길 유 겨레 족

旅 나그네 려 放(나부낄 언) + 从(쫓을 종 – 변형)

旅行 나그네 려 다닐 행
旅券 나그네 려 문서 권

旋 돌 선 放(나부낄 언) + 疋(발 소 짝 필)

旋回 돌 선 돌아올 회
斡旋 돌 알 돌 선

璇 옥 선 玉(구슬 옥) + 旋(돌 선)

璇室 옥 선 집 실 : 옥으로 꾸민 방

施 베풀 시 㫃(나부낄 언) + 也(어조사 야)

實施 열매 실 베풀 시
施設 베풀 시 베풀 설

遊 놀 유 辶(쉬엄쉬엄 갈 착) + 斿(깃발 유)

遊覽 놀 유 볼 람
遊牧 놀 유 칠 목

游 헤엄칠 유 水(물 수) + 斿(깃발 유)

游泳 헤엄칠 유 헤엄칠 영
回游 돌아올 회 헤엄칠 유

彦士 선비 언 선비 사 : 훌륭한 인물

선비 언

諺 속담 언 言(말씀 언) + 彦(선비 언)

俗諺 = 世諺 풍속 속 속담 언 = 인간 세 속담 언 : 속담

諺簡 속담 언 대쪽 간(간략할 간)

顔 낯 안 彦(선비 언) + 頁(머리 혈)

顔面 낯 안 낯 면

童顔 아이 동 낯 안

洗顔 씻을 세 낯 안

龍顔 용 룡 낯 안 : 임금의 얼굴

 뿌리글자로만 의미

문득 엄

掩 가릴 엄 手(손 수) + 奄(문득 엄)

掩護 가릴 엄 도울 호
掩蔽 가릴 엄 덮을 폐
掩襲 가릴 엄 엄습할 습

庵 암자 암 广(집 엄) + 奄(문득 엄)

庵子 암자 암 아들 자
石窟庵 돌 석 굴 굴 암자 암

218

余等 = 余輩 나 여 무리 등
= 나 여 무리 배 : 우리들

나 여

餘 남을 여 食(밥 식) + 余(나 여)

餘裕 남을 여 넉넉할 유
餘波 남을 여 물결 파
餘震 남을 여 우레 진
剩餘 남을 잉 남을 여

除 덜 제 阜(언덕 부) + 余(나 여)

除外 덜 제 바깥 외
排除 밀칠 배 덜 제
削除 깎을 삭 덜 제
免除 면할 면 덜 제
解除 풀 해 덜 제
除籍 덜 제 문서 적
除隊 덜 제 무리 대 : 군인의 복무를 마침

徐 천천히 할 서 彳(걸을 척) + 余(나 여)

徐行 천천히 서 다닐 행
徐徐 천천히 할 서 천천히 할 서 : 천천히

敍 펼 서 余(나 여) + 攴(칠 복)

敍述 펼 서 펼 술
追敍 쫓을 추 펼 서
自敍傳 <u>스스로</u> 자 펼 서 전할 전

斜 비낄 사 余(나 여) + 斗(말 두)

傾斜 기울 경 비낄 사
斜陽 비낄 사 볕 양 : 해질녘

途 길 도 辶(쉬엄쉬엄 갈 착) + 余(나 여)

用途 쓸 용 길 도
別途 다를 별 길 도
中途金 가운데 중 길 도 쇠 금

塗 칠할 도 涂(칠할 도) + 土(흙 토)

塗褙 칠할 도 속적삼 배
塗漆 칠할 도 옻 칠 : 칠을 바름
塗裝 칠할 도 꾸밀 장 : 도료를 곱게 칠함

予奪=與奪 나 여 빼앗을 탈
= 줄 여 빼앗을 탈 :
주는 것과 빼앗는 것

나 여

豫 미리 예 予(나 여) + 象(코끼리 상)

豫算 미리 예 셈 산
豫備 미리 예 갖출 비
豫約 미리 예 맺을 약
豫報 미리 예 알릴 보

預 맡길 예 予(나 여) + 頁(머리 혈)

預金 맡길 예 쇠 금
預託 맡길 예 부탁할 탁

抒 풀 서(풀어내다) 手(손 수) + 予(나 여)

抒情詩 풀 서 뜻 정 시 시

舒 펼 서 舍(집 사 쉴 사) + 予(나 여)

急舒 급할 급 펼 서 : 급함과 완만함

序 차례 서 广(집 엄) + 予(나 여)

秩序 차례 질 차례 서
順序 순할 순 차례 서

序列 차례 서 벌일 열(렬)

野 들 야 里(마을 리) + 予(나 여)

野菜 들 야 나물 채
野蠻 들 야 오랑캐 만
野望 들 야 바랄 망
野球 들 야 공 구

寄與 부칠 기 줄 여
給與 줄 급 줄 여
參與 참여할 참 더불 여

더불 여(줄 여)

與 수레 여 車(수레 거/차) + 舁(들 거 – 변형)

輿論 수레 여 논할 론

譽 기릴 예 言(말씀 언) + 與(더불 여 줄 여)

名譽 이름 명 기릴 예
榮譽 영화 영 기릴 예

擧 들 거 與(더불 여 줄 여) + 手(손 수)

選擧 가릴 선 들 거
薦擧 천거할 천 들 거
檢擧 검사할 검 들 거
快擧 쾌할 쾌 들 거
擧動 들 거 움직일 동

嶼 섬 서 山(뫼 산) + 與(더불 여 줄 여)

島嶼 섬 도 섬 서 : 크고 작은 섬들

如前 같을 여 앞 전   如何 같을 여 어찌 하
如此 같을 여 이 차   或如 혹 혹 같을 여
缺如 이지러질 결 같을 여

같을 여

恕 용서할 서 如(같을 여) + 心(마음 심)

容恕 얼굴 용 용서할 서
寬恕 너그러울 관 용서할 서

睪 뿌리글자로만 의미

엿볼 역

譯 번역할 역 言(말씀 언) + 睪(엿볼 역)

飜譯 번역할 번 번역할 역
通譯 통할 통 번역할 역
内譯 안 내 번역할 역

驛 역 역 馬(말 마) + 睪(엿볼 역)

驛舍 역 역 집 사
電鐵驛 번개 전 쇠 철 역 역

繹 풀 역 糸(실 사) + 睪(엿볼 역)

尋繹 찾을 심 풀 역 : 찾아서 살피고 연구함
演繹法 펼 연 풀 역 법 법 : 귀납법의 반대

澤 못 택 水(물 수) + 睪(엿볼 역)

潤澤 윤택할 윤 못 택
惠澤 은혜 혜 못 택
德澤 큰 덕 못 택

擇 가릴 택(선택하다) 手(손 수) + 睪(엿볼 역)

選擇 가릴 선 가릴 택

採擇 캘 채 가릴 택

簡擇=擇拔 대쪽 간(간략할 간) 가릴 택 = 가릴 택 뽑을 발 : 여럿 중 선택

鐸 방울 탁 金(쇠 금) + 睪(엿볼 역)

木鐸 나무 목 방울 탁

鈴鐸 방울 령 방울 탁

釋 풀 석 采(분별할 변) + 睪(엿볼 역)

解釋 풀 해 풀 석

稀釋 드물 희 풀 석

釋放 풀 석 놓을 방

釋然 풀 석 그럴 연

釋迦牟尼 풀 석 부처 이름 가 소 우는 소리 모 여승 니

亦是 또 역 옳을 시

또 역

跡 발자취 적 足(발 족) + 亦(또 역)

痕跡 흔적 흔 발자취 적
追跡 쫓을 추 발자취 적
筆跡 붓 필 발자취 적
奇跡 기특할 기 발자취 적

迹 자취 적 辶(쉬엄쉬엄 갈 착) + 亦(또 역)

蹟 자취 적 足(발 족) + 責(꾸짖을 책)

易
바꿀 역(쉬울 이)

貿易 무역할 무 바꿀 역
容易 얼굴 용 쉬울 이
簡易 간략할 간 쉬울 이
難易度 어려울 난 쉬울 이 법도 도

錫 주석 석 金(쇠 금) + 易(바꿀 역 쉬울 이)

錫箔 주석 석 발 박 : 은종이 은박지

賜 줄 사(주다) 貝(조개 패) + 易(바꿀 역 쉬울 이)

膳賜 선물 선 줄 사
賜藥 줄 사 약 약
下賜金 아래 하 줄 사 쇠 금

뿌리글자로만 의미

거스를 역

逆 거스릴 역 辶(쉬엄쉬엄 갈 착) + 屰(거스를 역)

逆戰 거스릴 역 싸움 전
逆流 거스릴 역 흐를 류
拒逆 막을 거 거스릴 역
莫逆 없을 막 거스릴 역

朔 초하루 삭 屰(거스를 역) + 月(달 월)

朔望 초하루 삭 보름 망
滿朔 찰 만 초하루 삭

遡 거스를 소 辶(쉬엄쉬엄 갈 착) + 朔(초하루 삭)

遡及 거스를 소 미칠 급

塑 흙 빚을 소 朔(초하루 삭) + 土(흙 토)

彫塑 새길 조 흙 빚을 소
塑性 흙 빚을 소 성품 성
可塑劑 옳을 가 흙 빚을 소 약제 제

뿌리글자로만 의미

장구벌레 연

捐 버릴 연 手(손 수) + 肙(장구벌레 연)

義捐金 옳을 의 버릴 연 쇠 금 : 공익 위해 기부

絹 비단 견 糸(실 사) + 肙(장구벌레 연)

絹織物 비단 견 짤 직 물건 물 : 비단

鵑 두견이 견 肙(장구벌레 연) + 鳥(새 조)

杜鵑 막을 두 두견이 견

뿌리글자로만 의미

산속의 늪 연

沿 물 따라갈 연 水(물 수) + 㕣(산 속의 늪 연)

沿岸 물따라갈 연 언덕 안
沿海 물따라갈 연 바다 해
沿革 물따라갈 연 가죽 혁

鉛 납 연 金(쇠 금) + 㕣(산 속의 늪 연)

亞鉛 버금 아 납 연
鉛筆心 납 연 붓 필 마음 심

船 배 선 舟(배 주) + 㕣(산 속의 늪 연)

漁船 고기잡을 어 배 선
船舶 배 선 배 박
風船 바람 풍 배 선
宇宙船 집 우 집 주 배 선

袞 곤룡포 곤 衣(옷 의) + 公(공평할 공 – 변형)

袞龍袍 곤룡포 곤 용 룡 도포 포

然

그럴 연

偶然 짝 우 그럴 연

儼然 엄연할 엄 그럴 연

燃 탈 연 火(불 화) + 然(그럴 연)

燃料 탈 연 헤아릴 료

燃燒 탈 연 사를 소

撚 비틀 년 手(손 수) + 然(그럴 연)

撚絲 비틀 년 실 사 : 꼬아놓은 실

延期 늘일 연 기약할 기　　延滯 늘일 연 막힐 체
延着 늘일 연 붙을 착　　遲延 더딜 지 늘일 연
蔓延 덩굴 만 늘일 연

늘일 연

筵 대자리 연 竹(대 죽) + 延(늘일 연)

設筵 베풀 설 대자리 연 : 돗자리를 깔아 베풂

誕 낳을 탄 (거짓 탄) 言(말씀 언) + 延(늘일 연)

誕生 낳을 탄 날 생

誕辰 낳을 탄 때 신

聖誕節 성인 성 낳을 탄 마디 절

誕言 거짓 탄 말씀 언 : 믿음성이 없는 말

厭世 싫어할 염 인간 세
厭症 싫어할 염 증세 증
嫌厭 싫어할 혐 싫어할 염

싫어할 염

 壓 누를 압 厭(싫어할 염) + 土(흙 토)

壓迫 누를 압 핍박할 박
壓縮 누를 압 줄일 축
壓倒 누를 압 넘어질 도
彈壓 탄알 탄 누를 압

炎症 불꽃 염 증세 증
暴炎 사나울 폭 불꽃 염
喉頭炎 목구멍 후 머리 두 불꽃 염

불꽃 염

淡 맑을 담 水(물 수) + 炎(불꽃 염)

濃淡 짙을 농 맑을 담
冷淡 찰 랭 맑을 담
雅淡 맑을 아 맑을 담

談 말씀 담 言(말씀 언) + 炎(불꽃 염)

弄談 희롱할 롱 말씀 담
壯談 장할 장 말씀 담
密談 빽빽할 밀 말씀 담

痰 가래 담 疒(병들어 기댈 녁) + 炎(불꽃 염)

祛痰 떨 거 가래 담 : 가래를 없앰
喀痰 토할 객 가래 담 : 가래를 뱉음

뿌리글자로만 의미

나뭇잎 엽

葉 잎 엽 艹(풀 초) + 枼(나뭇잎 엽)

落葉 떨어질 락 잎 엽

枯葉 마를 고 잎 엽

葉書 잎 엽 글 서

針葉樹 바늘 침 잎 엽 나무 수

闊葉樹 넓을 활 잎 엽 나무 수

蝶 나비 접 虫(벌레 충) + 枼(나뭇잎 엽)

蜂蝶 벌 봉 나비 접 : 벌과 나비

蝶泳 나비 접 헤엄칠 영 : 수영의 방법 중 하나

牒 편지 첩 片(조각 편) + 枼(나뭇잎 엽)

通牒 통할 통 편지 첩

請牒狀 청할 청 편지 첩 문서 장(형상 상)

諜 염탐할 첩 言(말씀 언) + 枼(나뭇잎 엽)

間諜 사이 간 염탐할 첩

諜者 염탐할 첩 놈 자

諜報 염탐할 첩 알릴 보

諜知 염탐할 첩 알 지

渫 파낼 설 水(물 수) + 枼(나뭇잎 엽)

浚渫 깊게 할 준 파낼 설

嬰兒 어린아이 영 아이 아
嬰孩 어린아이 영 어린아이 해

어린아이 영

櫻 앵두 앵 木(나무 목) + 嬰(어린 아이 영)

櫻桃 앵두 앵 복숭아 도 : 앵두 열매의 원음

鸚 앵무새 앵 嬰(어린 아이 영) + 鳥(새 조)

鸚鵡 앵무새 앵 앵무새 무 : 사람의 말을 흉내냄

永眠 길 영 잘 면
永訣式 길 영 이별할 결 법 식

길 영(길다)

詠 읊을 영 言(말씀 언) + 永(길 영)

詠詩 읊을 영 시 시 : 시를 읊음
吟詠 읊을 음 읊을 영 : 시부를 읊조림

泳 헤엄칠 영 水(물 수) + 永(길 영)

水泳 물 수 헤엄칠 영
平泳 평평할 평 헤엄칠 영
背泳 등 배 헤엄칠 영
蝶泳 나비 접 헤엄칠 영
混泳 섞을 혼 헤엄칠 영
繼泳 이을 계 헤엄칠 영
潛泳 잠길 잠 헤엄칠 영

昶 해 길 창 永(길 영) + 日(해 일)

執

뿌리글자로만 의미

재주 예(심을 예)

藝 재주 예 艸(풀 초) + 埶(심을 예) + 云(이를 운)

藝術 재주 예 재주 술
書藝 글 서 재주 예
武藝 호반 무 재주 예
藝體能 재주 예 몸 체 능할 능
演藝人 펼 연 재주 예 사람 인

勢 형세 세 埶(심을 예) + 力(힘 력)

形勢 모양 형 형세 세
優勢 넉넉할 우 형세 세
姿勢 모양 자 형세 세
趨勢 달아날 추 형세 세

熱 더울 열 埶(심을 예) + 火(불 화)

加熱 더할 가 더울 열
過熱 지날 과 더울 열
熱狂 더울 열 미칠 광

牽曳 이끌 견 끌 예 : 끌어당김

曳引船 끌 예 끌 인 배 선 : 다른 배를 끄는 배

끌 예

洩 샐 설 水(물 수) + 曳(끌 예)

漏洩 샐 루 샐 설

露洩 이슬 로 샐 설 : 비밀이 새어 드러남

睿德 슬기 예 큰 덕 : 몹시 뛰어난 덕망

슬기 예

濬 깊을 준 水(물 수) + 睿(슬기 예)

　　濬池 깊을 준 못 지 : 바다
　　濬潭 깊을 준 못 담 : 깊은 늪

璿 구슬 선 玉(구슬 옥) + 睿(슬기 예)

奧地 깊을 오 땅 지
深奧 깊을 심 깊을 오

깊을 오

懊 한할 오(한스럽다) 心(마음 심) + 奧(깊을 오)

奧地 깊을 오 땅 지
深奧 깊을 심 깊을 오

墺 물가 오 土(흙 토) + 奧(깊을 오)

墺地利 물가 오 땅 지 이로울 리 : 오스트리아

吳

뿌리글자로만 의미

성씨 오

誤 그르칠 오 言(말씀 언) + 吳(성씨 오, 큰소리 칠 화)

誤解 그르칠 오 풀 해

誤認 그르칠 오 알 인

誤謬 그르칠 오 그르칠 류

誤算 그르칠 오 셈 산

誤差 그르칠 오 다를 차

誤審 그르칠 오 살필 심

誤答 그르칠 오 대답 답

娛 즐길 오 女(여자 녀) + 吳(성씨 오 큰소리 칠 화)

娛樂 즐길 오 즐길 락

戲娛 희롱할 희 즐길 오 : 실없는 장난으로 즐김

虞 염려할 우 虍(범 호) + 吳(성씨 오 큰소리칠 화)

虞犯地帶 염려할 우 범할 범 땅 지 띠 대 :

　　　　　　범죄가 일어날 가능성이 높은 곳

뿌리글자로만 의미

다섯 오

伍 다섯 사람 오 人(사람 인) + 五(다섯 오)

伍列 다섯 사람 오 벌일 열 : 가로와 세로를 짠 대열

落伍者 떨어질 락 다섯 사람 오 놈 자

吾 나 오 五(다섯 오) + 口(입 구)

吾家 나 오 집 가 : 나의 집

悟 깨달을 오 心(마음 심) + 吾(나 오)

覺悟 깨달을 각 깨달을 오

悔悟 뉘우칠 회 깨달을 오 : 잘못을 뉘우침

梧 오동나무 오 木(나무 목) + 吾(나 오)

梧桐 오동나무 오 오동나무 동

寤 잠 깰 오 寢(잘 침) + 悟(깨달을 오) – 변형 합체자

寤寐 잠 깰 오 잘 매 : 깰 때나 잘 때나

245

衙 마을 아 行(다닐 행) + 吾(나 오)

> 官衙 벼슬 관 마을 아 : 나랏일을 처리하는 곳
>
> 衙前 마을 아 앞 전 : 관청의 중간 벼슬아치

圄 옥 어(감옥) 囗(에워쌀 위) + 吾(나 오)

> 囹圄 옥 령 옥 어 : 감옥

뿌리글자로만 의미

거만할 오

傲 거만할 오 人(사람 인) + 敖(거만할 오)

傲慢放恣 거만할 오 거만할 만 놓을 방 마음대로 자

贅 혹 췌 敖(거만할 오) + 貝(조개 패)

瘤贅 혹 류 혹 췌

贅肉 혹 췌 고기 육

贅壻 혹 췌 사위 서 : 데릴사위

家屋 집가집옥
屋上 집옥윗상
屋廬 집옥 농막집 려 : 살림집

집 옥

握 쥘 악 手(손 수) + 屋(집 옥)

握手 쥘 악 손 수
掌握 손바닥 장 쥘 악
把握 잡을 파 쥘 악

뿌리글자로만 의미

성한 모양 온

溫 따뜻할 온 水(물 수) + 囚(가둘 수) + 皿(그릇 명)

溫度 따뜻할 온 법도 도

溫暖 따뜻할 온 따뜻할 난

溫泉 따뜻할 온 샘 천

溫純 따뜻할 온 순수할 순

蘊 쌓을 온 艹(풀 초) + 縕(헌솜 온 넉넉할 온)

蘊蓄 쌓을 온 모을 축 : 학식을 많이 쌓음

國王 나라 국 임금 왕
王位 임금 왕 지리 위
王朝 임금 왕 아침 조

임금 왕

旺 왕성할 왕 日(해 일) + 王(임금 왕)

旺盛 왕성할 왕 성할 성

枉 굽을 왕 木(나무 목) + 王(임금 왕)

枉臨 굽을 왕 임할 림 : 남이 자기를 찾아옴

汪 넓을 왕 水(물 수) + 王(임금 왕)

汪洋 넓을 왕 큰 바다 양 : 헤아리기 어렵게 넓음

狂 미칠 광 犬(개 견) + 王(임금 왕)

狂氣 미칠 광 기운 기
狂奔 미칠 광 달릴 분
熱狂 더울 열 미칠 광
狂牛病 미칠 광 소 우 병 병

匡 바를 광 匚(상자 방) + 王(임금 왕)

匡正 바를 광 바를 정

珏 쌍옥 각 玉(구슬 옥) + 玉(구슬 옥)

班 나눌 반 玉(구슬 옥) + 刀(칼 도) + 玉(구슬 옥)

　班長 나눌 반 어른 장
　兩班 두 량 나눌 반

斑 아롱질 반 玉(구슬 옥) + 文(글월 문) + 玉(구슬 옥)

　蒙古斑 어두울 몽 옛 고 아롱질 반 : 몽고반점

皇 임금 황　임금의 상징인 커다란 冠(갓 관)이 받침 위에 놓여 있는 모양을 본뜬 상형문자

　皇帝 임금 황 임금 제
　敎皇 가르칠 교 임금 황
　皇宮 임금 황 집 궁
　皇室 임금 황 집 실
　皇后 임금 황 임금 후(뒤 후) : 황제의 정궁

凰 봉황 황 几(안석 궤) + 皇(임금 황)

　鳳凰 봉새 봉 봉황 황

徨 헤맬 황 彳(걸을 척) + 皇(임금 황)

　彷徨 헤맬 방 헤맬 황

煌 빛날 황 火(불 화) + 皇(임금 황)

　輝煌燦爛 빛날 휘 빛날 황 빛날 찬 빛날 란

遑 급할 황 辶(쉬엄쉬엄 갈 착) + 皇(임금 황)

遑急 급할 황 급할 급
棲遑 깃들일 서 급할 황 : 몸 붙여 살 곳이 없음

惶 두려울 황 心(마음 심) + 皇(임금 황)

惶悚 두려울 황 두려울 송 : 분에 넘쳐 송구함
驚惶 놀랄 경 두려울 황 :어리둥절해 허둥지둥함

뿌리글자로만 의미

질그릇 요

搖 흔들 요 手(손 수) + 䍃(질그릇 요)

搖亂 흔들 요 어지러울 란
搖動 흔들 요 움직일 동
搖籃 흔들 요 대바구니 람

謠 노래 요 言(말씀 언) + 䍃(질그릇 요)

歌謠 노래 가 노래 요
民謠 백성 민 노래 요
童謠 아이 동 노래 요

遙 멀 요 辶(쉬엄쉬엄 갈 착) + 䍃(질그릇 요)

遙遠 멀 요 멀 원
遙昔 멀 요 예 석 : 먼 옛날
逍遙 노닐 소 멀 요 : 슬슬 거닐어 돌아다님

堯舜 요임금 요 순임금 순 :
중국의 전설적 임금들

요임금 요(높을 요)

僥 요행 요 人(사람 인) + 堯(요임금 요 높을 요)

僥倖 요행 요 요행 행 : 뜻밖에 얻는 행복

撓 어지러울 요 手(손 수) + 堯(요임금 요 높을 요)

撓折 어지러울 요 꺾을 절 : 휘어져 부러짐

饒 넉넉할 요 食(밥 식 먹을 식) + 堯(요임금 요)

豊饒 풍년 풍 넉넉할 요
肥饒 살찔 비 넉넉할 요 : 땅이 기름짐

曉 새벽 효 日(해 일) + 堯(요임금 요 높을 요 멀 요)

曉鐘 새벽 효 쇠북 종 : 새벽에 치는 종
徹曉 통할 철 새벽 효 : 새벽까지 뜬 눈으로 새움

燒 사를 소(불사르다) 火(불 화) + 堯(요임금 요 높을 요)

燒酒 사를 소 술 주
燃燒 탈 연 사를 소 : 불에 탐
燒却 사를 소 물리칠 각 : 불에 태어 없애버림
燒失 사를 소 잃을 실 : 불에 타 없어짐

夭折 일찍죽을 요 꺾을 절
桃夭時節 복숭아 도 어릴 요 때 시 마디 절 :
시집가기에 좋은 꽃다운 시절

일찍 죽을 요(어릴 요)

妖 요사할 요 女(여자 녀) + 夭(일찍 죽을 요 어릴 요)

妖邪 요사할 요 간사할 사
妖艶 요사할 요 고울 염
妖術 요사할 요 재주 술

沃 기름질 옥 水(물 수) + 夭(일찍 죽을 요 어릴 요)

沃土 기름질 옥 흙 토
肥沃 살찔 비 기름질 옥

添 더할 첨 水(물 수) + 忝(더럽힐 첨)

添加 더할 첨 더할 가

笑 웃음 소 竹(대 죽) + 夭(일찍 죽을 요 어릴 요)

微笑 작을 미 웃음 소
嘲笑 비웃을 조 웃음 소
爆笑 불 터질 폭 웃음 소

呑 삼킬 탄 夭(일찍 죽을 요 어릴 요) + 口(입 구)

竝呑 나란히 병 삼킬 탄 : 남의 것을 제 것으로 삼음
呑吐 삼킬 탄 토할 토 : 삼키는 일과 뱉는 일

뿌리글자로만 의미

퍼낼 요

稻 벼 도 禾(벼 화) + 舀(퍼낼 요)

* 禾(벼 화) : 벼 자체 / 稻(벼 도) : 찧어 먹을 수 있는 벼

稻作 벼 도 지을 작 : 벼농사

穫稻 거둘 확 벼 도 : 벼를 거두어 들임

蹈 밟을 도 足(발 족) + 舀(퍼낼 요)

舞蹈會 춤 출 무 밟을 도 모일 회

滔 물 넘칠 도 水(물 수) + 舀(퍼낼 요)

滔滔 물 넘칠 도 물 넘칠 도 : 물이 가득하게 흘러감

滔蕩 물 넘칠 도 방탕할 탕 : 넓고도 성한 모양

뿌리글자로만 의미

작을 요

窈 고요할 요 穴(구멍 혈) + 幼(어릴 유)

窈窕淑女 고요할 요 으늑할 조 맑을 숙 여자 녀 : 암전하고 자태가 고운 여자

幼 어릴 유 幺(작을 요) + 力(힘 력)

幼兒 어릴 유 아이 아
幼稚園 어릴 유 어릴 치 동산 원

幽 그윽할 유 山(뫼 산) + 幺(작을 요) + 幺(작을 요)

幽靈 그윽할 유 신령 령
幽明 그윽할 유 밝을 명

幻 헛보일 환 予(나 여 줄 여) 글자를 거꾸로 한 모양을 본뜬 상형문자

幻想 헛보일 환 생각 상
幻影 헛보일 환 그림자 영
幻覺 헛보일 환 깨달을 각
幻滅 헛보일 환 꺼질 멸
夢幻 꿈 몽 헛보일 환

繼 이을 계 糸(실 사) + 斷(끊을 단 – 변형)

繼續 이을 계 이을 속
繼承 이을 계 이을 승
繼走 이을 계 달릴 주

斷 끊을 단 䍺(이을 계) + 斤(도끼 근)

斷食 끊을 단 먹을 식
斷絶 끊을 단 끊을 절
遮斷 가릴 차 끊을 단
判斷 판단할 판 끊을 단

뿌리글자로만 의미

길 용(솟을 용)

涌 물 솟을 용 水(물 수) + 甬(길 용 솟을 용)

涌沫 물 솟을 용 물거품 말 : 솟아나온 거품
涌溢 물 솟을 용 넘칠 일 : 물이 솟아 넘쳐흐름

踊 뛸 용 足(발 족) + 甬(길 용 솟을 용)

舞踊 춤 출 무 뛸 용 : 춤 무용

勇 날랠 용 甬(길 용 솟을 용 – 변형) + 力(힘 력)

勇敢 날랠 용 감히 감
勇猛 날랠 용 사나울 맹
勇斷 날랠 용 끊을 단
蠻勇 오랑캐 만 날랠 용

誦 외울 송 言(말씀 언) + 甬(길 용 솟을 용)

暗誦 어두울 암 외울 송
朗誦 밝을 랑 외울 송
背誦 등 배 외울 송

通 통할 통 辶(쉬엄쉬엄 갈 착) + 甬(길 용 솟을 용)

疏通 소통할 소 통할 통
普通 넓을 보 통할 통
通帳 통할 통 장막 장

桶 통 통 木(나무 목) + 甬(길 용 솟을 용)

休紙桶 쉴 휴 종이 지 통 통
沐浴桶 머리 감을 목 목욕할 욕 통 통

痛 아플 통 疒(병들어 기댈 녁) + 甬(길 용 솟을 용)

痛症 아플 통 증세 증
痛歎 아플 통 탄식할 탄
哀痛 슬플 애 아플 통
陣痛 진 칠 진 아플 통
鎭痛劑 진압할 진 아플 통 약제 제
大聲痛哭 클 대 소리 성 아플 통 울 곡

庸劣 떳떳할 용 못할 렬 :
어리석고 변변치 못함

떳떳할 용

傭 품 팔 용 人(사람 인) + 庸(떳떳할 용)

　　雇傭 품 팔 고 품 팔 용
　　傭兵 품 팔 용 병사 병

鏞 쇠북 용 金(쇠 금) + 庸(떳떳할 용)

　　鏞鼓 쇠북 용 북 고 : 종과 북

容貌 얼굴 용 모양 모　　容認 얼굴 용 알 인

容納 얼굴 용 들일 납　　容恕 얼굴 용 용서할 서

寬容 너그러울 관 얼굴 용　　許容 허락할 허 얼굴 용

受容 받을 수 얼굴 용

얼굴 용

瑢 패옥소리 용 玉(구슬 옥) + 容(얼굴 용)

溶 녹을 용 水(물 수) + 容(얼굴 용)

溶解 녹을 용 풀 해

溶媒 녹을 용 중매 매

可溶性 옳을 가 녹을 용 성품 성

鎔 쇠 녹일 용 金(쇠 금) + 容(얼굴 용)

熔鑛爐 쇠 녹일 용 쇳돌 광 화로 로

熔 쇠 녹일 용 火(불 화) + 容(얼굴 용)

蓉 연꽃 용 艸(풀 초) + 容(얼굴 용)

芙蓉 연꽃 부 연꽃 용 : 연꽃

阿芙蓉 언덕 아 연꽃 부 연꽃 용 : 양귀비꽃

右側 오른쪽 우 곁 측
右向右 오른쪽 우 향할 향 오른쪽 우
右議政 오른쪽 우 의논할 의 정사 정

오른쪽 우

祐 복 우 示(보일 시) + 右(오른쪽 우)

嘉祐 아름다울 가 복 우 : 하늘이 준 행운

佑 도울 우 人(사람 인) + 右(오른쪽 우)

保佑 지킬 보 도울 우
不佑 아닐 불 도울 우 : 도움을 받지 못함

若 같을 약(반야 야) 艹(풀 초) + 右(오른쪽 우)

萬若 일만 만 같을 약
若干 같을 약 방패 간

惹 이끌 야 若(같을 약) + 心(마음 심)

惹起 이끌 야 일어날 기

諾 허락할 락/낙 言(말씀 언) + 若(같을 약)

許諾 허락할 허 허락할 락
承諾 이을 승 허락할 낙

匿 숨길 닉 匸(감출 혜) + 若(같을 약)

隱匿 숨을 은 숨길 닉
匿名 숨길 닉 이름 명

慝 사특할 특 匿(숨길 닉) + 心(마음 심)

邪慝 간사할 사 사특할 특
奸慝 간사할 간 사특할 특

牛乳 소 우 젖 유

소 우

特 특별할 특 牛(소 우) + 寺(절 사 관청 시)

特惠 특별할 특 은혜 혜

牡 수컷 모 牛(소 우) + 土(흙 토)

牡牛 수컷 모 소 우

牝 암컷 빈 牛(소 우) + 匕(비수 비)

種牝牛 씨 종 암컷 빈 소 우 : 씨 받으려 기르는 암소

牟 소 우는 소리 모 소가 울 때 입에서 입김이 나오는 모습을 본뜬 상형문자

釋迦牟尼 풀 석 부처 이름 가 소 우는 소리 모 여승 니

牢 우리 뢰 宀(집 면) + 牛(소 우)

圈牢 우리 권 우리 뢰 : 짐승을 가두는 우리

牽 이끌 견 玄(검을 현) + 冖(덮을 멱) + 牛(소 우)

牽引 이끌 견 끌 인

犧 희생 희 牛(소 우) + 羲(복희씨 희)

牲 희생 생 牛(소 우) + 生(날 생)

뿌리글자로만 의미

긴 꼬리 원숭이 우

偶 짝 우 人(사람 인) + 禺(긴 꼬리 원숭이 우)

配偶者 짝 배(나눌 배) 짝 우 놈 자
偶像 짝 우 모양 상
偶然 짝 우 그럴 연

隅 모퉁이 우 阜(언덕 부) + 禺(긴 꼬리 원숭이 우)

四隅 넉 사 모퉁이 우 : 네 군데의 모퉁이

遇 만날 우 辶(쉬엄쉬엄 갈 착) + 禺(긴 꼬리 원숭이 우)

遭遇 만날 조 만날 우
禮遇 예도 례 만날 우
處遇 곳 처 만날 우
待遇 기다릴 대 만날 우
境遇 지경 경 만날 우

嵎 산굽이 우 山(뫼 산) + 禺(긴 꼬리 원숭이 우)

嵎夷 산굽이 우 오랑캐 이 : 해가 돋는 곳

愚 어리석을 우 禺(긴 꼬리 원숭이 우) + 心(마음 심)

愚昧 어리석을 우 어두울 매

愚鈍 어리석을 우 둔할 둔

愚弄 어리석을 우 희롱할 롱

愚直 어리석을 우 곧을 직

寓 부칠 우 宀(집 면) + 禺(긴 꼬리 원숭이 우)

寓話 부칠 우 말씀 화

寓居 부칠 우 살 거 : 남의 집에 임시로 삶

憂 근심 우

憂患 근심 우 근심 환　　憂愁 근심 우 근심 수
憂慮 근심 우 생각할 려　憂國 근심 우 나라 국
杞憂 구기자 기 근심 우 : 쓸데없는 걱정
憂鬱症 근심 우 답답할 울 증세 증

優 넉넉할 우(뛰어날 우) 人(사람 인) + 憂(근심 우)

優秀 뛰어날 우 빼어날 수
優先 뛰어날 우 먼저 선
優勢 뛰어날 우 형세 세
優劣 뛰어날 우 못할 열
俳優 배우 배 뛰어날 우

擾 시끄러울 요 手(손 수) + 憂(근심 우)

騷擾 떠들 소 시끄러울 요 : 여럿이 들고 일어남

肩羽 어깨 견 깃 우 : 어깨 깃

깃 우

習 익힐 습 羽(깃 우) + 白(흰 백)

習慣 익힐 습 익숙할 관
練習 익힐 련 익힐 습
復習 회복할 복 익힐 습

翼 날개 익 羽(깃 우) + 異(다를 이)

翼龍 날개 익 용 룡

翌 다음날 익 羽(깃 우) + 立(설 립)

翌日 다음날 익 날 일

翊 도울 익 立(설 립) + 羽(깃 우)

翊戴 도울 익 일 대 : 정성껏 받들어 추대함

翔 날 상 羊(양 양) + 羽(깃 우)

飛翔 날 비 날 상

270

翠 푸를 취(물총새 취) 羽(깃 우) + 卒(마칠 졸)

翡翠 물총새 비 푸를 취

翁 늙은이 옹 公(공평할 공) + 羽(깃 우)

衰翁 쇠할 쇠 늙은이 옹

弱 약할 약 弓(활 궁) + 羽(깃 우)

懦弱 나약할 나 약할 약
脆弱 연할 취 약할 약
弱點 약할 약 점 점

溺 빠질 닉/익 水(물 수) + 弱(약할 약)

溺死 빠질 익 죽을 사
耽溺 즐길 탐 빠질 닉

尤甚 더욱 우 심할 심
尤隙 더욱 우 틈 극 : 사이가 나빠짐

더욱 우(허물 우)

疣 혹 우 疒(병들어 기댈 녁) + 尤(더욱 우 허물 우)

疣疸 혹 우 황달 달 : 쥐부스럼
汗疣 땀 한 혹 우 : 땀띠

就 나아갈 취 京(서울 경) + 尤(더욱 우 허물 우)

就業 나아갈 취 업 업
就職 나아갈 취 직분 직
就寢 나아갈 취 잘 침
進就 나아갈 진 나아갈 취

蹴 찰 축 足(발 족) + 就(나아갈 취)

蹴球 찰 축 공 구
一蹴 한 일 찰 축 : 단번에 거절함

尨 삽살개 방 犬(개 견) + 彡(터럭 삼)

青尨 푸를 청 삽살개 방 : 청삽살이 털 많은 개
尨大 삽살개 방 클 대 : 부피가 엄청 큼

云云 이를 운 이를 운 : 이러이러함의 뜻 말
云謂 이를 운 이를 위 : 입에 올려 말하는 것

이를 운(말하다)

耘 김맬 운 耒(쟁기 뢰) + 云(이를 운)

耕耘機 밭 갈 경 김맬 운 틀 기 : 논밭을 가는데 쓰이는 농업용 기계

芸 평지 운(풀 이름) 艸(풀 초) + 云(이를 운)

芸夫 평지 운 지아비 부 : 풀을 베는 사나이
芸穫 평지 운 거둘 확 : 풀을 베고 곡식을 거둠

雲 구름 운 雨(비 우) + 云(이를 운)

雲霧 구름 운 안개 무
雲屯 구름 운 진 칠 둔 : 사람이 구름처럼 많음

曇 흐릴 담 日(해 일) + 雲(구름 운)

曇天 흐릴 담 하늘 천 : 구름이 낀 흐린 하늘
薄曇 엷을 박 흐릴 담 : 조금 흐릿한 날씨

魂 넋 혼 云(이를 운) + 鬼(귀신 귀)

魂魄 넋 혼 넋 백
靈魂 신령 령 넋 혼
鬪魂 싸울 투 넋 혼

뿌리글자

原

근원 원(언덕 원)

原因 근원 원 인할 인
原則 근원 원 법칙 칙
原料 근원 원 헤아릴 료
原始 근원 원 비로소 시

源 근원 원 水(물 수) + 原(근원 원 언덕 원)

根源 뿌리 근 근원 원
資源 재물 자 근원 원
源泉 근원 원 샘 천

願 원할 원 原(근원 원 언덕 원) + 頁(머리 혈)

所願 바 소 원할 원
祈願 빌 기 원할 원
志願 뜻 지 원할 원
宿願 잘 숙 원할 원
憲法訴願 법 헌 법 법 호소할 소 원할 원

뿌리글자로만 의미

이에 원

援 도울 원 手(손 수) + 爰(이에 원)

應援 응할 응 도울 원
支援 지탱할 지 도울 원
聲援 소리 성 도울 원
援助 도울 원 도울 조
後援金 뒤 후 도울 원 쇠 금

瑗 구슬 원 玉(구슬 옥) + 爰(이에 원)

媛 여자 원 女(여자 녀) + 爰(이에 원)

才媛 재주 재 여자 원 : 재주 있는 젊은 여자

暖 따뜻할 난 日(해 일) + 爰(이에 원)

暖房 따뜻할 난 방 방
溫暖 따뜻할 온 따뜻할 난
壁暖爐 벽 벽 따뜻할 난 화로 로

煖 더울 난 火(불 화) + 爰(이에 원)

275

緩 느릴 완 糸(실 사) + 爰(이에 원)

緩行 느릴 완 다닐 행
緩和 느릴 완 화할 화
緩慢 느릴 완 거만할 만
緩衝 느릴 완 찌를 충
緩急 느릴 완 급할 급
弛緩 늦출 이 느릴 완

職員 직분 직 인원 원
隊員 무리 대 인원 원
議員 의논할 의 인원 원

인원 원

圓 둥글 원 囗(에워쌀 위) + 員(인원 원)

圓卓 둥글 원 높을 탁
圓滿 둥글 원 찰 만
圓滑 둥글 원 미끄러울 활
楕圓 길고 둥글 타/ 둥글 원

隕 떨어질 운 阜(언덕 부) + 員(인원 원)

隕石 떨어질 운 돌 석 : 유성이 떨어진 것

殞 죽을 운 歹(뼈 앙상할 알) + 員(인원 원)

殞命 죽을 운 목숨 명 : 사람의 목숨이 끊어짐

韻 운 운(운치) 音(소리 음) + 員(인원 원)

韻致 운 운 이를 치
韻律 운 운 법칙 율

損 덜 손 手(손 수) + 員(인원 원)

損害 덜 손 해할 해
損傷 덜 손 다칠 상

損益 덜 손 더할 익
毀損 헐 훼 덜 손
破損 깨뜨릴 파 덜 손

뿌리글자로만 의미

성씨 원

遠 멀 원 辶(쉬엄쉬엄 갈 착) + 袁(성씨 원 옷 치렁치렁할 원)

永遠 길 영 멀 원
遠近 멀 원 가까울 근
遠隔 멀 원 사이 뜰 격
遠征 멀 원 칠 정
疏遠 소통할 소 멀 원
望遠鏡 바랄 망 멀 원 거울 경

猿 원숭이 원 犬(개 견) + 袁(성씨 원 옷 치렁치렁할 원)

類人猿 무리 류 사람 인 원숭이 원

園 동산 원 囗(에워쌀 위) + 袁(성씨 원 옷 치렁치렁할 원)

公園 공평할 공 동산 원
庭園 뜰 정 동산 원
樂園 즐길 락 동산 원
遊園地 놀 유 동산 원 땅 지

뿌리글자

元

으뜸 원

元首 으뜸 원 머리 수
次元 버금 차 으뜸 원
復元 회복할 복 으뜸 원
還元 돌아올 환 으뜸 원

院 집 원 阜(언덕 부) + 完(완전할 완)

學院 배울 학 집 원
病院 병 병 집 원
法院 법 법 집 원

完 완전할 완 宀(집 면) + 元(으뜸 원)

完全 완전할 완 온전할 전
完勝 완전할 완 이길 승

玩 희롱할 완 玉(구슬 옥) + 元(으뜸 원)

愛玩動物 사랑 애 희롱할 완 움직일 동 물건 물

莞 빙그레 웃을 완 艹(풀 초) + 完(완전할 완)

莞爾 빙그레 웃을 완 너 이 : 빙그레 웃는 모양

頑 완고할 완 元(으뜸 원) + 頁(머리 혈)

頑固 완고할 완 굳을 고
頑強 완고할 완 강할 강

寇 도적 구 宀(집 면) + 元(으뜸 원) + 攵(칠 복)

倭寇 왜나라 왜 도적 구

冠 갓 관 冖(덮을 멱) + 元(으뜸 원) + 寸(마디 촌)

冠婚喪祭 갓 관 혼인할 혼 잃을 상 제사 제 : 관례 혼례 상례 제례의 네 가지

뿌리글자로만 의미

누워 뒹굴 원

怨 원망할 원 夗(누워 뒹굴 원) + 心(마음 심)

怨望 원망할 원 바랄 망
怨恨 원망할 원 한 한
怨讎 원망할 원 원수 수

鴛 원앙 원 夗(누워 뒹굴 원) + 鳥(새 조)

鴛鴦 원앙 원 원앙 앙

苑 나라 동산 원 艹(풀 초) + 夗(누워 뒹굴 원)

藝苑 재주 예 나라동산 원

宛 완연할 완 宀(집 면) + 夗(누워 뒹굴 원)

宛轉 완연할 완 구를 전 : 순탄하고 원활함

婉 순할 완 女(여자 녀) + 宛(완연할 완)

婉淑 순할 완 맑을 숙 : 순하고 겸손함

腕 팔뚝 완 月(육달 월) + 宛(완연할 완)

腕章 팔뚝 완 글 장
手腕 손 수 팔뚝 완

뿌리글자로만 의미

도끼 월

鉞 도끼 월 金(쇠 금) + 戉(도끼 월)

斧鉞 도끼 부 도끼 월 : 작은 도끼와 큰 도끼

越 넘을 월 走(달릴 주) + 戉(도끼 월)

超越 뛰어넘을 초 넘을 월

追越 쫓을 추 넘을 월

卓越 높을 탁 넘을 월

越權 넘을 월 권세 권

委任 맡길 위 맡길 임
委託 맡길 위 부탁할 탁
委員 맡길 위 인원 원

맡길 위

萎 시들 위 艹(풀 초) + 委(맡길 위)

萎縮 시들 위 줄일 축

魏 나라이름 위 委(맡길 위) + 鬼(귀신 귀)

巍 높고 클 외 山(뫼 산) + 魏(나라이름 위)

巍勳 높고 클 외 공 훈

矮 난쟁이 왜 短(짧을 단 – 변형) + 委(맡길 위)

矮小 난쟁이 왜 작을 소
矮軀 난쟁이 왜 몸 구 : 몸이 작은 체구
矮馬 난쟁이 왜 말 마 : 조랑말

倭 왜나라 왜 人(사람 인) + 委(맡길 위)

倭亂 왜나라 왜 어지러울 란
倭寇 왜나라 왜 도적 구

뿌리글자로만 의미

가죽 위

偉 클 위 人(사람 인) + 韋(다룸가죽 위)

偉大 클 위 클 대
偉業 클 위 업 업
偉人傳 클 위 사람 인 전할 전

緯 씨 위(가로/씨줄) 糸(실 사) + 韋(다룸가죽 위)

* 씨줄 : 가로 줄 / 날줄 : 세로 줄
緯度 씨 위 법도 도
經緯 지날 경 씨 위

違 어긋날 위 辶(쉬엄쉬엄 갈 착) + 韋(다룸가죽 위)

違反 어긋날 위 돌이킬 반
違憲 어긋날 위 법 헌
違和感 어긋날 위 화할 화 느낄 감

衛 지킬 위 行(다닐 행) + 韋(다룸가죽 위)

衛星 지킬 위 별 성
衛生 지킬 위 날 생
防衛 막을 방 지킬 위

圍 에워쌀 위 囗(에워쌀 위) + 韋(다룸가죽 위)

範圍 법 범 에워쌀 위

周圍 두루 주 에워쌀 위

包圍 쌀 포 에워쌀 위

雰圍氣 눈 날릴 분 에워쌀 위 기운 기

諱 숨길 휘(꺼리다) 言(말씀 언) + 韋(다룸가죽 위)

忌諱 꺼릴 기 숨길 휘 : 꺼리어 피해 숨음

위장 위

脾胃 지라 비 위장 위
胃酸 위장 위 실 산

謂 이를 위(알리다) 言(말씀 언) + 胃(위장 위)

所謂 바 소 이를 위 : 이른바
此所謂 이 차 바 소 이를 위 : 이야말로

渭 물 이름 위 水(물 수) + 胃(위장 위)

膚 살갗 부 盧(성씨 로 목로 로 – 변형) + 月(육달 월)

皮膚 가죽 피 살갗 부
髮膚 터럭 발 살갗 부 : 머리털과 살

尉 少尉 적을 소 벼슬 위
中尉 가운데 중 벼슬 위
大尉 클 대 벼슬 위

벼슬 위

慰 위로할 위 尉(벼슬 위) + 心(마음 심)

慰勞 위로할 위 일할 로
慰靈 위로할 위 신령 령
慰藉料 위로할 위 깔 자 헤아릴 료

蔚 고을이름 울 艹(풀 초) + 尉(벼슬 위)

蔚珍郡 고을 이름 울 보배 진 고을 군
蔚山市 고을 이름 울 뫼 산 저자 시

爲
할 위

行爲 다닐 행 할 위
營爲 경영할 영 할 위
無作爲 없을 무 지을 작 할 위

僞 거짓 위 人(사람 인) + 爲(할 위)

僞善 거짓 위 착할 선
僞裝 거짓 위 꾸밀 장
僞幣 거짓 위 화폐 폐

允兪＝允許 맏 윤 대답할 유 ＝ 맏 윤
허락할 허 : 임금이 허락함

대답할 유

愈 나을 유 兪(대답할 유) + 心(마음 심)

癒 병 나을 유 疒(병들어 기댈 녁) + 愈(나을 유)

治癒 다스릴 치 병 나을 유
快癒 쾌할 쾌 병 나을 유
漸癒 점점 점 병 나을 유

諭 타이를 유 言(말씀 언) + 兪(대답할 유)

諷諭 풍자할 풍 타이를 유 : 슬며시 돌려 타이름

喩 깨우칠 유 口(입 구) + 兪(대답할 유)

比喩 견줄 비 깨우칠 유

愉 즐거울 유 心(마음 심) + 兪(대답할 유)

愉快 즐거울 유 쾌할 쾌

揄 야유할 유 手(손 수) + 兪(대답할 유)

揶揄 야유할 야 야유할 유

鍮 놋쇠 유 金(쇠 금) + 俞(대답할 유)

鍮器 놋쇠 유 그릇 기 : 놋그릇

楡 느릅나무 유 木(나무 목) + 俞(대답할 유)

踰 넘을 유 足(발 족) + 俞(대답할 유)

輸 보낼 수 車(수레 거/차) + 俞(대답할 유)

輸出 보낼 수 날 출
輸送 보낼 수 보낼 송
輸血 보낼 수 피 혈

뿌리글자로만 의미

망설일 유

沈 잠길 침(성씨 심) 水(물 수) + 尢(망설일 유)

  *浸(잠길 침) : 공격적인 형태의 스며들다
   沈(잠길 침) : 당하는 형태의 가라앉다
   沈滯 잠길 침 막힐 체
   沈沒 잠길 침 빠질 몰
   沈着 잠길 침 붙을 착
   沈默 잠길 침 잠잠할 묵

枕 베개 침 木(나무 목) + 尢(망설일 유)

   衾枕 이불 금 베개 침 : 이부자리와 베개

耽 즐길 탐 耳(귀 이) + 尢(망설일 유)

   耽溺 즐길 탐 빠질 닉
   耽讀 즐길 탐 읽을 독

眈 노려볼 탐 目(눈 목) + 尢(망설일 유)

   虎視眈眈 범 호 볼 시 노려볼 탐 노려볼 탐

有 保有 지킬 보 있을 유
有效 있을 유 본받을 효
有利 있을 유 이로울 리

있을 유

宥 너그러울 유 宀(집 면) + 有(있을 유)

恕宥 용서할 서 너그러울 유 : 잘못을 너그러이 용서
宥罪 너그러울 유 허물 죄 : 죄를 너그러이 용서함

賄 재물 회(뇌물 회) 貝(조개 패) + 有(있을 유)

賄賂 뇌물 회 뇌물 뢰
贈賄 줄 증 뇌물 회 : 뇌물을 줌

郁 성할 욱(왕성하다) 有(있을 유) + 邑(고을 읍)

馥郁 향기 복 성할 욱 : 풍기는 향기가 그윽함

肴 안주 효 爻(사귈 효) + 月(육달 월)

珍肴 보배 진 안주 효

뿌리글자로만 의미

깃발 유

遊 놀 유 辶(쉬엄쉬엄 갈 착) + 㫃(깃발 유)

遊覽 놀 유 볼 람
遊園地 놀 유 동산 원 땅 지
夢遊病 꿈 몽 놀 유 병 병

游 헤엄칠 유 水(물 수) + 㫃(깃발 유)

游泳 헤엄칠 유 헤엄칠 영

295

自由 스스로 자 말미암을 유
緣由 인연 연 말미암을 유

말미암을 유

油 기름 유 水(물 수) + 由(말미암을 유)

石油 돌 석 기름 유
燈油 등 등 기름 유
輕油 가벼울 경 기름 유
揮發油 휘두를 휘 필 발 기름 유

柚 유자 유 木(나무 목) + 由(말미암을 유)

柚子 유자 유 아들 자

宙 집 주 宀(집 면) + 由(말미암을 유)

* 宇(집 우) : 우주의 '공간적' 개념 / 宙(집 주) : 우주의 '시간적' 개념
宇宙 집 우 집 주

紬 명주 주 糸(실 사) + 由(말미암을 유)

明紬 밝을 명 명주 주

胄 자손 주 由(말미암을 유) + 月(육달 월)

胄孫 자손 주 손자 손 : 맏손자

抽 뽑을 추 手(손 수) + 由(말미암을 유)

抽出 뽑을 추 날 출
抽籤 뽑을 추 제비 첨
抽象畫 뽑을 추 코끼리 상 그림 화(그을 획)

軸 굴대 축 車(수레 거/차) + 由(말미암을 유)

主軸 임금 주 굴대 축
地軸 땅 지 굴대 축
車軸 수레 차 굴대 축

袖 소매 수 衣(옷 의) + 由(말미암을 유)

窄袖 좁을 착 소매 수 : 폭이 좁은 소매
廣袖 넓을 광 소매 수 : 폭이 넓은 소매

笛 피리 적 竹(대 죽) + 由(말미암을 유)

警笛 경계할 경 피리 적
鼓笛隊 북 고 피리 적 무리 대

須臾 모름지기 수 잠깐 유 : 잠시

잠깐 유

諛 아첨할 유 言(말씀 언) + 臾(잠깐 유)

諂諛 아첨할 첨 아첨할 유 : 알랑거리며 아첨함

庾 곳집 유 广(집 엄) + 臾(잠깐 유)

* 노적가리 : 쌓아둔 곡식의 더미

庾積 곳집 유 쌓을 적 : 창고에 쌓아 둔 곡식

酉

뿌리글자로만 의미

닭 유(지지 유)

猶 오히려 유 犬(개 견) + 酋(우두머리 추)

執行猶豫 잡을 집 다닐 행 오히려 유 미리 예

酋 우두머리 추 酒(술 주 - 변형) + 八(여덟 팔)

酋長 우두머리 추 어른 장

醜 추할 추 酒(술 주 - 변형) + 鬼(귀신 귀)

醜男 추할 추 사내 남
醜態 추할 추 모습 태

醉 취할 취 酒(술 주 - 변형) + 卒(마칠 졸)

陶醉 질그릇 도 취할 취
痲醉 저릴 마 취할 취

酊 술 취할 정 酒(술 주 - 변형) + 丁(고무래 정 장정 정)

酒酊 술 주 술 취알 정
酩酊 술 취할 명 술 취할 정

醫 의원 의 殹(앓는 소리 예) + 酒(술 주 – 변형)

醫師 의원 의 스승 사
醫療 의원 의 병 고칠 료

酒 술 주 水(물 수) + 酉(닭 유)

燒酒 사를 소 술 주
麥酒 보리 맥 술 주
洋酒 큰 바다 양 술 주
濁酒 흐릴 탁 술 주
高粱酒 높을 고 기장 량 술 주
飮酒 마실 음 술 주
酒店 술 주 가게 점

뿌리글자로만 의미

바 유

悠 멀 유 攸(바 유) + 心(마음 심)

悠久 멀 유 오랠 구 : 연대가 길고 오램

修 닦을 수 攸(바 유) + 彡(터럭 삼)

修行 닦을 수 다닐 행
修繕 닦을 수 기울 선
研修 갈 연 닦을 수
履修 밟을 리 닦을 수

條 가지 조 攸(바 유) + 木(나무 목)

條項 가지 조 항목 항
條件 가지 조 물건 건
條約 가지 조 맺을 약
條例 가지 조 법식 례

滌 씻을 척 水(물 수) + 條(가지 조)

洗滌 씻을 세 씻을 척
澣滌 빨래할 한 씻을 척 : 때 묻은 옷을 빪

301

維 纖維 가늘 섬 벼리 유
維持 벼리 유 가질 지

벼리 유

羅 벌일 라 罒(그물 망) + 糸(실 사) + 隹(새 추)

羅列 벌일 라 벌일 열
羅針盤 벌일 라 바늘 침 소반 반

邏 순라 라 辶(쉬엄쉬엄 갈 착) + 羅(벌일 라)

巡邏 돌 순 순라 라

雍 화할 옹 邕(막힐 옹 – 변형) + 隹(새 추)

雍容 화할 옹 얼굴 용

擁 낄 옹 手(손 수) + 雍(화할 옹)

抱擁 안을 포 낄 옹

壅 막을 옹 雍(화할 옹) + 土(흙 토)

壅拙 막을 옹 옹졸할 졸

甕 독 옹 雍(화할 옹) + 瓦(기와 와)

甕器 독 옹 그릇 기
甕城 독 옹 재 성

柔軟 부드러울 유 연할 연　柔弱 부드러울 유 약할 약

柔和 부드러울 유 화할 화　溫柔 따뜻할 온 부드러울 유

懷柔 품을 회 부드러울 유

부드러울 유

蹂 밟을 유 足(발 족) + 柔(부드러울 유)

人權蹂躪 사람 인 권세 권 밟을 유 짓밟을 린

뿌리글자로만 의미

붓 율

律 법칙 율/률 彳(걸을 척) + 聿(붓 율)

法律 법 법 법칙 률
規律 법 규 법칙 율

筆 붓 필 竹(대 죽) + 聿(붓 율)

筆筒 붓 필 대통 통
執筆 잡을 집 붓 필

津 나루 진 水(물 수) + 聿(붓 율)

松津 소나무 송 나루 진

盡 다할 진 聿(붓 율 – 변형) + (부스러기 모양) + 皿(그릇 명)

賣盡 팔 매 다할 진
蕩盡 방탕할 탕 다할 진
極盡 극진할 극 다할 진

肇 비롯할 조 戶(집 호) + 攵(칠 복) + 聿(붓 율)

肇造 비롯할 조 지을 조

書 글 서 聿(붓 율 – 변형) + 曰(가로 왈)

讀書 읽을 독 글 서
書札 글 서 편지 찰

晝 낮 주 聿(붓 율 – 변형) + 日(해 일) + 一(한 일)

晝夜 낮 주 밤 야
晝餐 낮 주 밥 찬

畫 그림 화 聿(붓 율 – 변형) + 田(밭 전) + 凵(입벌릴 감)

映畫 비칠 영 그림 화
繪畫 그림 회 그림 화

劃 그을 획 畫(그림 화) + 刀(칼 도)

計劃 셀 계 그을 획
劃數 그을 획 셈 수

뿌리글자로만 의미

송곳질할 율

橘 귤 귤 木(나무 목) + 矞(송곳질할 율)

　柑橘 귤 감 귤 귤 : 귤 밀감의 총칭
　懷橘 품을 회 귤 귤 : 지극한 효성을 말함

譎 속일 휼 言(말씀 언) + 矞(송곳질할 율)

　詭譎 속일 궤 속일 휼 : 교묘하게 상대를 속임

戎器 병장기 융 그릇 기
戎車 병장기 융 수레 거(차) : 싸움에 쓰는 수레

병장기 융

絨 가는 베 융 糸(실 사) + 戎(병장기 융)

絨緞 가는 베 융 비단 단 : 양털같이 부드러운 직물

賊 도둑 적 貝(조개 패) + 戎(병장기 융)

盜賊 도둑 도 도둑 적

뿌리글자로만 의미

삼갈 은

隱 숨을 은 阜(언덕 부) + 㥯(삼갈 은)

隱遁 숨을 은 숨을 둔
隱匿 숨을 은 숨길 닉
隱蔽 숨을 은 덮을 폐
隱密 숨을 은 빽빽할 밀
隱退 숨을 은 물러날 퇴
隱然中 숨을 은 그럴 연 가운데 중 : 남모르게

穩 편안할 온 禾(벼 화) + 㥯(삼갈 은)

平穩 평평할 평 편안할 온
穩全 편안할 온 온전할 전
穩當 편안할 온 마땅 당 : 사리에 알맞음
穩健派 편안할 온 굳셀 건 갈래 파 : 과격하지 않고 온건한 파

音樂 소리 음 노래 악   音盤 소리 음 소반 반
音聲 소리 음 소리 성   音響 소리 음 울릴 향
錄音 기록할 록 소리 음   騷音 떠들 소 소리 음
雜音 섞일 잡 소리 음   發音 필 발 소리 음

소리 음

暗 어두울 암 日(해 일) + 音(소리 음)

暗示 어두울 암 보일 시
暗記 어두울 암 기록할 기
暗澹 어두울 암 맑을 담
暗鬱 어두울 암 답답할 울
暗號 어두울 암 이름 호
暗礁 어두울 암 암초 초
暗行御史 어두울 암 다닐 행 거느릴 어 사기 사

闇 숨을 암 門(문 문) + 音(소리 음)

闇鈍 숨을 암 둔할 둔 : 어리석고 우둔함
昏闇 어두울 혼 숨을 암 : 사리에 어두움

邑内 고을 읍 안 내

邑誌 고을 읍 기록할 지

邑面洞 고을 읍 낯 면 골 동 : 행정구역의 단위

都邑地 도읍 도 고을 읍 땅 지 : 서울로 정한 곳

고을 읍

 막힐 옹 川(내 천) + 邑(고을 읍)

 따를 호(파랑새 호) 戶(집 호) + 邑(고을 읍)

義 옳을 의

意義 뜻 의 옳을 의
講義 외울 강 옳을 의
義務 옳을 의 힘쓸 무

議 의논할 의 言(말씀 언) + 義(옳을 의)

會議 모일 회 의논할 의
審議 살필 심 의논할 의
協議 화합할 협 의논할 의
抗議 겨룰 항 의논할 의

儀 거동 의 人(사람 인) + 義(옳을 의)

儀式 거동 의 법 식
禮儀 예도 례 거동 의
弔儀 조상할 조 거동 의 : 조문하는 의식
賻儀 부의 부 거동 의 : 초상집에 부조하는 돈

意識 뜻 의 알 식
意圖 뜻 의 그림 도
故意 연고 고 뜻 의

뜻 의

億 억 억 人(사람 인) + 意(뜻 의)

億丈 억 억 어른 장 : 몹시 슬프고 괴로움
億萬長者 억 억 일만 만 길 장 놈 자

憶 생각할 억 心(마음 심) + 意(뜻 의)

追憶 쫓을 추 생각할 억
憶測 생각할 억 헤아릴 측 : 근거 없는 추측
記憶喪失 기록할 기 생각할 억 잃을 상 잃을 실

臆 가슴 억 月(육달 월) + 意(뜻 의)

胸臆 가슴 흉 가슴 억 : 가슴 속의 생각

噫 한숨 쉴 희(트림할 애) 口(입 구) + 意(뜻 의)

噫嗚 한숨 쉴 희 슬플 오 : 탄식하며 슬퍼함
噫氣 트림할 애 기운 기 : 트림

* 상반신에 입는 것은 衣(옷 의) 하반신에 입는 것은 裳(치마 상) 상 하반신이 전체 옷은
服(옷 복)으로 그 의미의 구분을 두었다.

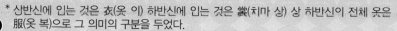

衣

衣服 옷 의 옷 복

衣裳 옷 의 치마 상

옷 의

依 의지할 의 人(사람 인) + 衣(옷 의)

依支 의지할 의 지탱할 지

憑依 기댈 빙 의지할 의

哀 슬플 애 衣(옷 의) + 口(입 구)

哀惜 슬플 애 아낄 석

哀悼 슬플 애 슬퍼할 도

褒 기릴 포 衣(옷 의) + 保(지킬 보)

褒賞金 기릴 포 상줄 상 쇠 금

袞 곤룡포 곤 衣(옷 의) + 公(공평할 공 – 변형)

袞龍袍 곤룡포 곤 용 룡 도포 포

衷 속마음 충 衣(옷 의) + 中(가운데 중)

苦衷 쓸 고 속마음 충

折衷 꺾을 절 속마음 충

衰 쇠할 쇠 : 비가 올 때 어깨에 걸치는 비옷인 '도롱이'의 모양을 본뜬 상형문자

衰退 쇠할 쇠 물러날 퇴

蓑 도롱이 사 艹(풀 초) + 衰(쇠할 쇠)

蓑衣 도롱이 사 옷 의

表 겉 표 毛(털 모 – 변형) + 衣(옷 의)

表現 겉 표 나타날 현
表裏 겉 표 속 리

裔 후손 예 衣(옷 의) + 冏(빛날 경)

後裔 뒤 후 후손 예

疑心 의심할 의 마음 심　　疑惑 의심할 의 미혹할 혹

疑訝 의심할 의 의심할 아　　嫌疑 싫어할 혐 의심할 의

疑懼心 의심할 의 두려워할 구 마음 심

懷疑論 품을 회 의심할 의 논할 론(논)

擬 비길 의(비슷하다) 手(손 수) + 疑(의심할 의)

擬聲語 비길 의 소리 성 말씀 어

擬態語 비길 의 모습 태 말씀 어

凝 엉길 응 冫(얼음 빙) + 疑(의심할 의)

凝集 엉길 응 모을 집

凝縮 엉길 응 줄일 축

凝固 엉길 응 굳을 고

礙 거리낄 애 石(돌 석) + 疑(의심할 의)

障礙 막을 장 거리낄 애

拘礙 잡을 구 거리낄 애

礙眼 거리낄 애 눈 안

癡 어리석을 치 疒(병들어 기댈 녁) + 疑(의심할 의)

癡呆 어리석을 치 어리석을 매

音癡 소리 음 어리석을 치

癡情 어리석을 치 뜻 정

癡漢 어리석을 치 한나라 한

耳目 귀 이 눈 목
耳鼻咽喉科 귀 이 코 비 목구멍 인
목구멍 후 과목 과

귀 이

餌 미끼 이 食(밥 식) + 耳(귀 이)

食餌 먹을 식 미끼 이
鉤餌 갈고리 구 미끼 이

珥 귀고리 이 玉(구슬 옥) + 耳(귀 이)

恥 부끄러울 치 耳(귀 이) + 心(마음 심)

羞恥 부끄러울 수 부끄러울 치

耽 즐길 탐 耳(귀 이) + 尤(망설일 유)

耽溺 즐길 탐 빠질 닉

取 가질 취 耳(귀 이) + 又(또 우)

採取 캘 채 가질 취
取消 가질 취 사라질 소

聽 들을 청 耳(귀 이) + 壬(드릴 정 – 변형) + 悳(덕 덕)

盜聽 도둑 도 들을 청

職 직분 직 耳(귀 이) + 識(알 식 − 변형)

職業 직분 직 업 업

聖 성인 성 耳(귀 이) + 壬(드릴 정)

聖人 성인 성 사람 인

茸 풀 날 용 艹(풀 초) + 耳(귀 이)

鹿茸 사슴 록 풀 날 용

攝 다스릴 섭 手(손 수) + 聶(소곤거릴 섭)

攝取 다스릴 섭 가질 취
攝氏 다스릴 섭 성씨 씨

異議 다를 이 의논할 의
特異 특별할 특 다를 이
突然變異 갑자기 돌 그럴 연
변할 변 다를 이

異 다를 이

糞 똥 분 米(쌀 미) + 異(다를 이)

糞尿 똥 분 오줌 뇨

翼 날개 익 羽(깃 우) + 異(다를 이)

翼龍 날개 익 용 룡

冀 바랄 기 北(북녘 북) + 異(다를 이)

冀願 바랄 기 원할 원

驥 천리마 기 馬(말 마) + 冀(바랄 기)

駿驥 준마 준 천리마 기 : 아주 뛰어난 말

戴 일 대(받들다) 𢦏(어조사 재 – 변형) + 異(다를 이)

推戴 밀 추 일 대
翊戴 도울 익 일 대 : 정성스럽게 추대함

뿌리글자로만 의미

미칠 이(닿다)

康 편안 강 广(집 엄) + 隶(미칠 이)

健康 굳셀 건 편안 강

逮 잡을 체 辶(쉬엄쉬엄 갈 착) + 隶(미칠 이)

逮捕 잡을 체 잡을 포

隷 종 례/예 士(선비 사) + 示(보일 시) + 隶(미칠 이)

奴隷 종 노 종 예
隷屬 종 예 무리 속 : 무리 속에 매어있음

聊爾 애오라지 **료** 너 **이** : 구차한 모양

彌 미륵 미 륵(활 궁) + 爾(너 이)

彌勒 미륵 미 굴레 륵 : 미륵보살의 준말

璽 옥새 새 爾(너 이) + 玉(구슬 옥)

玉璽 구슬 옥 옥새 새 : 옥으로 만든 국가 인장

以内 써 이 안 내
以前 써 이 앞 전
以後 써 이 뒤 후

써 이

似 닮을 사 人(사람 인) + 以(써 이)

類似 무리 류 닮을 사
恰似 흡사할 흡 닮을 사
似而非 닮을 사 말 이을 이 아닐 비

夷狄＝蠻夷 오랑캐 이 오랑캐 적
＝ 오랑캐 만 오랑캐 이

오랑캐 이

姨 이모 이 女(여자 녀) + 夷(오랑캐 이)

姨母 이모 이 어머니 모 : 어머니의 자매

姨從四寸 이모 이 좇을 종 넉 사 마디 촌

痍 상처 이 疒(병들어 기댈 녁) + 夷(오랑캐 이)

傷痍 다칠 상 상처 이 : 부상당함, 상처

傷痍勇士 다칠 상 상처 이 날랠 용 선비 사

益 더할 익

利益 이로울 리 더할 익   收益 거둘 수 더할 익
純益 순수할 순 더할 익   損益 덜 손 더할 익
差益 다를 차 더할 익
貧益貧 가난할 빈 더할 익 가난할 빈

鎰 무게 이름 일 金(쇠 금) + 益(더할 익)

溢 넘칠 일 水(물 수) + 益(더할 익)

海溢 바다 해 넘칠 일
汎溢 = 漲溢 넘칠 범 넘칠 일 = 넘칠 창 넘칠 일 : 물이 넘쳐흐름

隘 좁을 애 阜(언덕 부) + 益(더할 익)

隘路 좁을 애 길 로
狷隘 성급할 견 좁을 애 : 마음이 좁고 성급함

縊 목맬 액 糸(실 사) + 益(더할 익)

縊死 목맬 액 죽을 사 : 목을 매어 죽음
自縊 스스로 자 목맬 액 : 스스로 목매어 죽음

뿌리글자로만 의미

범 인(지지 인)

演 펼 연 水(물 수) + 寅(범 인)

演說 펼 연 말씀 설
演劇 펼 연 심할 극
演技 펼 연 재주 기
公演 공평할 공 펼 연
講演 외울 강 펼 연
演藝人 펼 연 재주 예 사람 인

垔 뿌리글자로만 의미

막을 인

湮 묻힐 인 水(물 수) + 垔(막을 인)

證據湮滅 증거 증 근거 거 묻힐 인 꺼질 멸

煙 연기 연 火(불 화) + 垔(막을 인)

煙氣, 연기 연 기운 기
吸煙 마실 흡 연기 연
喫煙 먹을 끽 연기 연
煤煙 그을음 매 연기 연

甄 질그릇 견 瓦(기와 와) + 垔(막을 인)

甄擢 질그릇 견 뽑을 탁 : 잘 살펴 뽑아 씀
甄拔 질그릇 견 뽑을 발 : 재능을 살펴 등용함

因緣 인할 인 인연 연
原因 근원 원 인할 인
要因 요긴할 요 인할 인
確因 굳을 확 인할 인

인할 인

姻 혼인 인(시집갈 인) 女(여자 녀) + 因(인할 인)

婚姻 혼인할 혼 혼인 인
親姻戚 친할 친 혼인 인 친척 척

咽 목구멍 인(목멜 열) 口(입 구) + 因(인할 인)

咽喉 목구멍 인 목구멍 후
咽頭炎 목구멍 인 머리 두 불꽃 염
嗚咽 슬플 오 목멜 열 : 목이 메어 욺

恩 은혜 은 因(인할 인) + 心(마음 심)

恩惠 은혜 은 은혜 혜
恩師 은혜 은 스승 사

霜刃 서리 상 칼날 인 : 서슬이 시퍼런 칼날
銳刃 날카로울 예 칼날 인 : 날카로운 칼날

칼날 인

靭 질길 인 革(가죽 혁) + 刃(칼날 인)

靭帶 질길 인 띠 대
強靭 강할 강 질길 인 : 잘 견디는 상태

忍 참을 인 刃(칼날 인) + 心(마음 심)

忍耐 참을 인 견딜 내
殘忍 잔인할 잔 참을 인
忍苦 참을 인 쓸 고 : 괴로움을 참음

認 알 인 言(말씀 언) + 忍(참을 인)

認識 알 인 알 식
誤認 그르칠 오 알 인
確認 굳을 확 알 인

끌 인

引受 끌인받을수   割引 벨할끌인
誘引 꾈유끌인   牽引 이끌견끌인
曳引船 끌예끌인배선

蚓 지렁이 인 虫(벌레 충) + 引(끌 인)

蚯蚓 지렁이 구 지렁이 인

壬辰倭亂 북방 임 별 진 왜나라 왜
어지러울 란

북방 임(천간 임)

妊 임신할 임 女(여자 녀) + 壬(북방 임)

妊娠 임신할 임 아이 밸 신
懷妊 품을 회 임신할 임
不妊 아닐 불 임신할 임
避妊劑 피할 피 임신할 임 약제 제

任 맡길 임 人(사람 인) + 壬(북방 임)

任務 맡길 임 힘쓸 무
責任 꾸짖을 책 맡길 임
就任 나아갈 취 맡길 임
赴任 다다를 부 맡길 임
辭任 말씀 사 맡길 임

賃 품삯 임 任(맡길 임) + 貝(조개 패)

賃金 품삯 임 쇠 금
賃貸 품삯 임 빌릴 대

淫 음란할 음 水(물 수) + 壬(가까이할 음)

淫亂 음란할 음 어지러울 란

淫蕩 음란할 음 방탕할 탕
姦淫 간음할 간 음란할 음

呈 드릴 정 口(입 구) + 壬(북방 임)

贈呈 줄 증 드릴 정

廷 조정 정 廴(길게 걸을 인) + 王(임금 왕 − 변형)

朝廷 아침 조 조정 정
法廷 법 법 조정 정

Me
mO

수강생 분들에게 바라는 저의 마음을 4자성어(四字成語)로 담았습니다.

묘교발형(苗敎發熒)

1. 모 묘 – 苗
2. 노래할 교 – 敎
3. 필 발 – 發
4. 등불 형 – 熒

자연(自然)의 이치(理致)는 이렇습니다.

봄에 – 씨앗을 심고,
여름에 – 비바람을 맞으며 자라고,
가을에 – 맛있고 단단한 결실을 맺어,
겨울에 – 모든 이와 함께 행복하게 보냅니다.

그런 의미에서,
한자(漢字) 공부 또한 자연(自然)의 이치(理致)대로 하면 됩니다.

1. 처음에 한자라는 묘목을 심고 – 苗(모 묘)
2. 배우는 과정에서 비바람처럼 힘들지만 노래하며 이겨내어 – 敎(노래할 교)
3. 그 실력이 탄탄하게 다지며 활짝 피어나니 – 發(필 발)
4. 결국 모든 사람을 환하게 밝혀줄 훌륭한 세상의 등불이 됩니다. – 熒(등불 형)

알까는 한자인 만큼 마지막 또한,
묘교발형(苗敎發熒)을 뿌리글자로 하여 학습으로 마무리하겠습니다.

苗木 모묘 나무 목

모 묘

描 그릴 묘 手(손 수) + 苗(모 묘)

描寫 그릴 묘 베낄 사

錨 닻 묘 金(쇠 금) + 苗(모 묘)

拔錨 뽑을 발 닻 묘

猫 고양이 묘 犬(개 견) + 苗(모 묘)

黑猫白猫 검을 흑 고양이 묘 흰 백 고양이 묘

急激 급할 급 격할 격
感激 느낄 감 격할 격
激昂 격할 격 밝을 앙
激勵 격할 격 힘쓸 려

노래할 교

激 격할 격 水(물 수) + 敫(노래할 교)

檄 격문 격 木(나무 목) + 敫(노래할 교)

* 격문 : 비상시 급히 알리는 글
檄文 격문 격 글월 문 : 비상시 알리는 글

邀 맞을 요(맞이하다) 辶(쉬엄쉬엄 갈 착) + 敫(노래할 교)

邀擊 맞을 요 칠 격
邀招 맞을 요 부를 초

竅 구멍 규 穴(구멍 혈) + 敫(노래할 교)

毛竅 터럭 모 구멍 규
九竅 아홉 구 구멍 규

發展 필 **발** 펼 전
發揮 필 **발** 휘두를 휘

필 발

潑 물 뿌릴 **발** 水(물 수) + 發(필 발)

活潑 살 활 물 뿌릴 발
潑剌 물 뿌릴 발 발랄할 랄

撥 다스릴 **발** 手(손 수) + 發(필 발)

反撥 돌이킬 반 다스릴 발
撥憫 다스릴 발 민망할 민

醱 술 괼 **발** 酒(술 주 – 변형) + 發(필 발)

* 술을 괴다 : 술이 된다. 술을 빚다
醱酵 술 괼 발 삭힐 효

廢 폐할 **폐**(버릴 폐) 广(집 엄) + 發(필 발)

廢止 폐할 폐 그칠 지
廢棄 폐할 폐 버릴 기
廢墟 폐할 폐 터 허

熒燭 등불 형 촛불 촉

등불 형

螢 반딧불이 형 熒(등불 형 – 변형) + 虫(벌레 충)

螢光燈 반딧불이 형 빛 광 등 등
螢雪之功 반딧불이 형 눈 설 갈 지 공 공

瑩 의혹할 형 熒(등불 형 – 변형) + 玉(구슬 옥)

* 인명, 지명에서는 '밝을 영'으로 사용되기도 함
瑩澈 의혹할 형 맑을 철

瀅 물 맑을 형 水(물 수) + 瑩(의혹할 형)

榮 영화 영(영광, 명예) 熒(등불 형 – 변형) + 木(나무 목)

榮華 영화 영 빛날 화
榮轉 영화 영 구를 전
繁榮 번성할 번 영화 영

營 경영할 영 熒(등불 형) + 宮(집 궁) – 변형 합체자

經營 지날 경 경영할 영
營養 경영할 영 기를 양
營倉 경영할 영 곳집 창

勞 일할 로   熒(등불 형 – 변형) + 力(힘 력)

勞動 일할 로 움직일 동
勤勞 부지런할 근 일할 로
疲勞 피곤할 피 일할 로
慰勞 위로할 위 일할 로

撈 건질 로   手(손 수) + 勞(일할 로)

漁撈 고기잡을 어 건질 로
撈採 건질 로 캘 채 : 물속에서 채취함

이렇게 알까는 한자를 모두 마치었습니다.

뿌리한자 621개와 묘교발형(苗敎發熒)까지 총 625자의 뿌리글자를 배웠습니다.
그 뿌리글자들이 모여 3,000개 이상의 파생글자를 만들었습니다.
여기에 그치지 않고 실제 어떻게 사용되는지 우리는 집중적으로 공부하였습니다.

여러 분들은 급수의 구분 없이 모두를 아우르는 실력을 지니셨습니다.

그냥 공부한 것이 아니라,
제대로!!! 확실하게!!! 공부하였습니다.

이제 우리가 할 것은 딱 하나입니다.
바로 반복(反復)입니다.

시간이 지나면 언어는 잊혀 집니다.
잊지 않기 위해 반복 또 반복하는 것이 가장 현명한 공부법입니다.

한 번 반복한 사람과 두 번 반복한 사람의 실력은 차이가 많습니다.
두 번 반복한 사람과 백 번 반복한 사람의 실력은 천양지차(天壤之差)입니다.

이제 알까는 한자의 책과 저 심 영세원의 힘찬 목소리가,
여러 분을 실전 최고의 한자 고수로 안내할 것입니다.

묘교발형(苗敎發熒)에서 말씀드렸듯이,
배우는 과정은 쉽지 않지만 그 열매는 달콤하고 많은 쓰임이 있습니다.
'배움'에서의 흔들림은 '쓰임'에서 그 빛을 나타냅니다.

쑥쑥~! 알까는 한자에서 쌓은 실력을,
이 사회의 힘들고 지친 많은 분들을 위해 뜻 깊게 활용해 주시길
마지막으로 당부말씀 올리며 기쁘게 글을 맺습니다.

2016年 8月
著者 심 영세원(沈 英世元) 拜上

Memo

Memo